ISTORIA ROMÂNIEI MODERNE

罗马尼亚现代史

[罗] 伊昂-奥莱尔·波普（Ioan-Aurel Pop） 著

赵学林 译

辽宁人民出版社

版权合同登记号06-2021年第196号

图书在版编目（CIP）数据

罗马尼亚现代史/（罗）伊昂－奥莱尔·波普著；赵学林译.—沈阳：辽宁人民出版社，2021.12
书名原文：The Making of Modern Romania
ISBN 978-7-205-10348-4

Ⅰ.①罗… Ⅱ.①伊…②赵… Ⅲ.①罗马尼亚—现代史 Ⅳ.① K542.5

中国版本图书馆 CIP 数据核字（2021）第 242308 号

ⓒ The Ideea Europeana Publishing
ⓒ Ioan-Aurel Pop

出版发行：辽宁人民出版社
　　　地　址：沈阳市和平区十一纬路25号　邮编：110003
　　　电　话：024-23284321（邮　购）　024-23284324（发行部）
　　　传　真：024-23284191（发行部）　024-23284304（办公室）
　　　http：//www.lnpph.com.cn
印　　刷：沈阳市崇山彩色印刷有限公司
幅面尺寸：145mm×210mm
印　　张：6.25
字　　数：175千字
出版时间：2021年12月第1版
印刷时间：2021年12月第1次印刷
责任编辑：阎伟萍　孙　雯
装帧设计：留白文化
责任校对：吴艳杰
书　　号：ISBN 978-7-205-10348-4
定　　价：49.00元

引言

和其他一些民族的历史一样,罗马尼亚人及其直系祖先的历史延续了近3000年之久,因此很难对这种宏伟的历史画卷进行统一而单调的概括。而另一方面,当前公众的兴趣主要集中在距今较近的时期,这直接导致了当今社会的动态性与复杂性。因此,本书截取了约1700年以来罗马尼亚人历史中最新的一部分,有组织的民族解放运动在那个时候刚刚开始,统一和独立的罗马尼亚民族国家逐步建立起来,罗马尼亚社会也正按照西欧文化和文明的模式同步进行着现代化。本书由各种新旧文稿汇编而成,其中很多已借其他机会发表。这些根据综述标准加工的插语,加上重要的文字资料片段,在此基础上就可以还原罗马尼亚人过往生活的场景,借此重构出的画面也尽可能遵守了真实性原则。每一位尊重"历史学家职业"(马克·布洛赫)的历史学家都知道,他跟任何人都一样,永远不会发现绝对的真相,但他有义务去追寻历史真相(即对我们人类而言,那些相对的且部分可接近的真相)。3个多世纪的罗马尼亚人的现代化进程,其优势在于,它与世界上的其他民族之间、与不同的个体和群体之间、与各种文化和文化潮流之间进行着日益激烈的互动,因此,在这段关于最东端的拉丁民族的历史中,有着很多与其他民族的命运相同的元素,欧洲乃至全世界各国对自由的追求和对生活的向往也在这首共同的乐曲中交织。我写这本书的信念是，无知和理智的沉睡可能会孕育出怪物，而知识和对话则可以带来理解、和谐与和平。

伊昂-奥莱尔·波普

目录

引言 / 001

第一章 序言 / 002

第二章 启蒙时代（公元18世纪）或"通过文化走向自由" / 013
第一节 新的政治制度：哈布斯堡式及法纳利奥特式 / 013
第二节 特兰西瓦尼亚罗马尼亚人与罗马教会的联合 / 015
第三节 奥地利人和法纳利奥特人的改良主义 / 019
第四节 "东方问题"之争 / 021
第五节 民族解放斗争 / 022

第三章 改革与革命——19世纪上半叶 / 043
第一节 总体情况 / 043
第二节 《组织条例》/ 045
第三节 特兰西瓦尼亚和布科维纳的哈布斯堡专制制度 / 046
第四节 俄国人统治下的比萨拉比亚 / 049
第五节 土耳其人统治下的多布罗加 / 050

第六节 1848—1849 年的罗马尼亚革命 / 051

第四章 国家统一或现代罗马尼亚的建立 / 063
第一节 1859 年的统一——大统一的基础 / 064
第二节 亚历山德鲁·伊万一世统治时期（1859—1866 年）/ 069
第三节 卡罗尔一世统治时期（1866—1914 年）；完全独立的宣布与承认、多布罗加与罗马尼亚的统一；罗马尼亚向王国的转变 / 074
第四节 从独立到"大统一"（1878—1918 年）/ 083
第五节 第一次世界大战 / 093
第六节 "大统一" / 101

第五章 两次世界大战之间的罗马尼亚 / 125
第一节 行政、经济与社会 / 126
第二节 对内政策 / 129
第三节 对外政策 / 137

第六章 罗马尼亚与第二次世界大战（1940—1945 年）/ 147

第七章 走向极权制度（1944—1947 年）/ 157

第八章 "在社会主义建设的道路上……"（1948—1989 年）/ 163

第九章 新的自由：希望、梦想、失望、确信…… / 182

参考文献 / 191

　　罗马尼亚民族形成已有两千年之久,而罗马尼亚现代史即罗马尼亚人走出中世纪,并在欧洲模式的背景下以确立民族身份、建立民族国家为普遍理想的历史阶段。然而,现代性建立在过去的积累之上,建立在全人类(欧洲和全世界)和本土(罗马尼亚)经验之上。罗马尼亚人民中的大知识分子(其中处于最前沿的是那些一流历史学家)自17世纪以来就更加强烈地意识到,罗马尼亚人同时具有西欧和东欧的根源。一方面,通过罗马血统、新拉丁语言、基督教化方式以及人名可以看出,罗马尼亚人起源于罗马,也就是西方。而另一方面,通过拜占庭式组织的教会,以及在中世纪教会、行政、文化生活中所使用的教会斯拉夫语和西里尔字母也体现出新罗马(君士坦丁堡)的特质,这是拜占庭-斯拉夫的传承,也就是罗马尼亚人的东方起源。这种奇特的二元性使罗马尼亚人(东罗马特性的唯一著名继承人)在东西欧交汇融合之地自成一格,毁誉参半。

第一章
序言

历史与地理的共同作用造就了罗马尼亚人的双重起源。由于特殊的历史背景,在与罗马人经过近一个半世纪的对抗后(从恺撒到图密善,公元前1世纪中叶至公元1世纪末),而后又经过持续20年的战争(87—106年),就到了葛特-达契亚人的国王德切巴尔在位时期,多瑙河以北超过20万平方公里的前罗马达契亚地区在这一时期被罗马帝国征服并控制。这片土地与之前已被罗马人占领的多瑙河以南色雷斯人居住的其他大片土地一起被纳入了罗马帝国的版图。通过建立默西亚和达契亚两个行省,罗马的印记永远刻在了多瑙河及喀尔巴阡山地区。大批罗马军队和移民开始涌入这片地区,移民中既有组织而来的,也有自愿迁徙而来的,其中包括大量官员和行政人员,这些人都使用拉丁语。达契亚在先前的战争中失去了大量男子,因此这里的移民数量很快超过了为数不多的原住民。罗马化进程也就在没有刻意推动下自然发生了。所有必要的条件都已得到满足:大规模和有组织的移民、原住民和移民共居以及罗马文化和文明的优越性。毫无疑问,色雷斯—葛特—达契亚人也创造了自己的文明,但只是一种农业文明,只有一些在丘陵和山顶上用土石构筑的城堡,既没有大型市政工程,也没有用他们自己的语言创作的文字作品。罗马文明的吸引力对他们来说变得极具诱惑,甚至无法抗拒。因此,在罗马帝国生活了大约六代人之后(约101—275年),在多瑙河以北的地区已经充分普及了通俗拉丁语(民间拉丁语),一并普及的还有用拉丁语传播的宗教信仰、习俗和传统。因此，尽管原住民成分混杂（色雷斯—葛特—达契亚人占主导地位），移民的特质各不相同（来自罗马帝国各地），但拉丁语使用者明显占据着绝对主导地位，拉丁语也在这种复杂的局势中取得了胜利，就像在意大利、高卢（后来的法国）、西班牙等地发生的那样。罗马人是伟大的征服者，更是伟大的组织者，此外还是伟大的立法者。他们给被征服的地区带来了一种优越而诱人的生活模式以及一种特定的思维模式。后来的移民（在我国主要是斯拉夫人）只是给这个已经罗马化和拉丁化的地方带来了一些特殊的细微差别，就像日耳曼人赋予西罗马人民独特的个性一样。由此可见，罗马尼亚人在他们的民族和语言形成方面没有任何惊人或不寻常的地方，他们的产生与其他拉丁民族遵循着相同的"配方"：在一个弱的本土或前罗马元素（即色雷斯—葛特—达契亚人）之上附加征服者元素（罗马人），紧随其后的是，当上述两个群体之间的不平等融合即将结束时，又加入了移民元素（主要是斯拉夫人）。这同样也体现在罗马尼亚语中，它类似于一个活的有机体，与创造它的民族一起形成、成长和发展，并成为一种交流的手段。因此，罗马尼亚语有一个古老且薄弱的前罗马底层语言成分、一个强大的拉丁语言成分和一个斯拉夫上层语言成分。罗马尼亚语中的大多数较老的词汇都是从拉丁语继承而来的，有2000多个。这个数字与西方罗曼语族各门语言中拉丁来源词汇的数量基本相当。当然，随着时间的推移，罗马尼亚语一直从其他许多语言中吸收着新元素，其中大多数还是源于拉丁语，这也与其本身的特性相契合。当今罗马尼亚人使用的日常语言中，近80%的词汇源于拉丁语、罗曼语族语言或英语（其词汇大多源于法语中的拉丁语词汇），还有大约15%的斯拉夫语词汇和5%的其他来源词汇。然而，令人惊讶的是，一个在多瑙河下游的新拉丁民族，在被非拉丁民族包围的情况下一直延续到了今天。毫无疑问，罗马尼亚人诞生于多个民族的融合，其中包括日耳曼族和突厥族，他们在历史上还受到了很多文化与文明的影响。但罗马的印记显然是起决定性作用的，并赋予了罗马尼亚人自身特性。

这个于1世纪到9世纪在多瑙河下游及喀尔巴阡山脉形成的新拉丁民族也接受了上帝用拉丁语授予的旨意。罗马尼亚人的基督教化（和希腊人、阿尔巴尼亚人相同）发生了，但与周围所有其他民族的基督教化不同，这是一种有机的、逐步的模式，尽管有传教士的帮助，但也还是从底层大众的口口相传开始的。达契亚地区的基督教化始于罗马统治期间，而后自由发展，在《米兰敕令》（312年）发布以后，主要是通过传教士来进行。基督教逐渐在古代达契亚地区得到普及并巩固。而附近的民族通常是在一些领导人激进的决定下，自上而下进行基督教化。这些领导人以模范方式受洗成为基督教徒，并迫使其臣民（首先是精英阶层）也这样做。例如，864年的保加利亚人（汗王鲍里斯受洗后成为沙皇米哈伊尔）；9世纪的塞尔维亚人；988年的俄国人（弗拉基米尔大公受洗并获教名瓦西里）；966年的波兰人（在梅什科一世统治下）；1000年的匈牙利人（沃伊克大公受洗后成为伊什特万国王）；1386年的立陶宛人（约盖拉受洗后成为瓦迪斯瓦夫·雅盖沃国王）。在罗马尼亚语中关于基督教元素最古老和最重要的词汇都起源于拉丁语，尤其是那些指称教条和仪式的词汇。而其他涉及历法、教会组织、宗教节日、牧师和修道院生活的词汇则源于斯拉夫语。究其原因，主要还是在于历史的影响：达契亚–罗马人和早期罗马尼亚人的基督教化是用拉丁语进行的（哥特主教乌尔菲拉于4世纪在多瑙河以北布道时也使用拉丁语），而多瑙河以北的教会组织是后来按照保加利亚教会的拜占庭–斯拉夫模式建立的。因此，尽管罗马尼亚人是一个新拉丁民族，但其宗教、行政和文化语言却用斯拉夫语书写，罗马尼亚人也成为东正教徒。

这种有点自相矛盾的情况也出现在一些斯拉夫民族中，例如波兰人、克罗地亚人、斯洛文尼亚人、捷克人、斯洛伐克人，他们是天主教徒，但曾将拉丁语作为教会的语言。由此看来，地理方面的因素同样不可忽视，罗马尼亚人成为东正教徒是因为他们的地理位置更接近东正教的中心新罗马（君士坦丁堡），而不是天主教的中心西罗马。西斯拉夫民族也是如此，他们更接近天主教的权力中心而不是东正教的地界。

随着东正教的普及，罗马尼亚人逐渐接受了以拜占庭—斯拉夫为导向的文明，这为这一地区的发展提供了衡量标准。拜占庭帝国实际上就是东罗马帝国，在土耳其人攻陷君士坦丁堡（1453年）之前，拜占庭的皇帝们也一直被称为"罗马人的皇帝"，只不过他们说的是希腊语，因为罗马帝国的这一地区从未丢掉自己的希腊特性。罗马人之所以无法将希腊人罗马化，是因为古希腊人认为他们的文明要优于罗马文明，正如罗马人看待除希腊外的其他文明一样。与此同时，在斯拉夫人涌现于多瑙河以南的地区之后（602年后），巴尔干半岛便大规模斯拉夫化了，使该地区的文明逐渐从罗马—拜占庭文明向拜占庭—斯拉夫文明转变，特别是在斯拉夫人创造了自己的字母（西里尔字母）和宗教语言（教会斯拉夫语）之后。罗马尼亚人从结合了斯拉夫成分的伟大拜占庭文化中吸收了他们能理解的且对自身农牧文明具有意义的东西。他们没有学习君士坦丁堡昂贵而复杂的镶嵌艺术，也没有学习难以捉摸的神学和哲学论述，而是模仿并发展了壁画和圣像的绘制，学会了按年份记录事件，创作了融合着大众灵感和宗教教规的朴实却智慧的文学作品，用来规范以教会为核心的社会生活。在东方文化和文明的环境中，在拜占庭联邦的发展过程中（按照迪米特里·奥博连斯基的说法），在"拜占庭之后的拜占庭"（按照尼古拉·约尔加的说法）产生前后，罗马尼亚人都受益匪浅。然而，随着东罗马帝国的衰落（14—15世纪），尤其是在1453年奥斯曼人征服君士坦丁堡之后，东欧这种生活方式的发展受到了沉重的打击。从15世纪中叶开始，拜占庭遗产只在拜占庭之外有价值，这主要靠那些已经接受了这一文明模式的基督教民族（斯拉夫人和罗马尼亚人），而在中欧和西欧地区（天主教和新教），其影响力已日益衰微。

10世纪末期，罗马尼亚人与周边其他民族一样，追随后罗马时代使用拉丁语的古老族群（尼古拉·约尔加称之为"民间罗马人"）的脚步，独自或与斯拉夫人合作建立起了政治团体，即那些被称为克内扎特或沃耶沃达特的公国。几个世纪以来，它们围绕着一个核心逐渐聚集到一起并不断得到巩固。11—13世纪，克里沙纳、巴纳特、特兰西瓦尼亚和马拉穆列什等地的罗马尼亚-斯拉夫公国被匈牙利王国占领（特兰西瓦尼亚保留了传统的公国地位），此时喀尔巴阡山以南的那些公国被纳入罗马尼亚公国的统治下，喀尔巴阡山以东到德涅斯特河地区的公国则处于摩尔多瓦的大公统治下。这两个公国在各自大公的领导下于14世纪获得了独立，尼古拉·约尔加因此将它们称为"罗马尼亚的自由"。它们按照罗马-拜占庭和拜占庭-斯拉夫的古老传统治理国家，同时也受到了周边民族的广泛影响（其中包括一些短暂创建了"帝国"的草原民族，如库曼人）。喀尔巴阡山北部和西部的罗马尼亚人则处于一个天主教国家统治之下，这就是匈牙利王国，其肩负着"使徒使命"，即与"异教徒、异端者和分裂教会者"作斗争。这些罗马尼亚人作为东正教徒（所谓的"分裂教会者"）被迫害，财产也被剥夺，逐渐被排除在权力阶层之外而边缘化。

罗马尼亚人与所有基督徒一起全力保卫欧洲文明，抵御来自欧洲大陆东南部的奥斯曼人的侵犯。15世纪，在罗马教皇的支持下，天主教国家和东正教国家都竭力捍卫欧洲的"基督教共和国"，尤其是东欧、东南欧的国家和民族，包括希腊人、保加利亚人、塞尔维亚人、罗马尼亚人、阿尔巴尼亚人、克罗地亚人、匈牙利人、萨斯人、塞库伊人、波兰人等。1439年，在最后为时已晚的努力下，人们尝试根据两个教会之间的四大分歧，通过在佛罗伦萨签署联合协定重新统一欧洲大陆。几十年来，消除欧洲基督教世界的分裂并实现统一的幻想一直存在。当时有两位罗马尼亚领导人，一位是天主教徒——胡内多阿拉的扬库，他是特兰西瓦尼亚大公和匈牙利总督；另一位是东正教徒——摩尔多瓦的斯特凡大公。他们是基督教抵抗入侵的象征，被教皇誉为"基督的健儿"，是真正的欧洲十字军战士。

然而，东方基督教世界的巨大悲剧以一种痛苦的方式逐步显现，不得不臣服于奥斯曼苏丹的伊斯兰国家。从16世纪开始，随着地理大发现和宗教改革的开始，西欧文明的成功越来越明显，与东拜占庭模式的衰落形成了鲜明对比，其屈从于奥斯曼帝国，因受到现实的冲击而岌岌可危。在新教伦理的激励下，西方则变得更加务实，也更具个人主义和竞争力，表现在鼓励高效、致富，发展金融系统，手工制造及之后的工厂制造促进了商品交换等各个方面。在地理大发现之后，欧洲人在全球的扩张促进了西方模式的迅速发展，或多或少地复制到了新大陆（美洲）、亚洲、非洲和澳洲。欧洲的东半部则受到来自欧洲以外的侵犯，注定使其停滞不前，处于落后。人们的财产不断地被掠夺，并与重要的贸易路线相隔绝。随着时间的推移，他们在这种危机四伏的环境中学会了只为维持生存而进行生产，并享受着这种简朴的生活。任何改变都会给个人和集体带来灾难，战争和瘟疫已经在当地司空见惯，对美好的希望只能寄托在教会对来世的预言之中。1417年，罗马尼亚公国在老米尔恰统治末期首次向奥斯曼高门纳贡，1456年，摩尔多瓦则在阿隆大公统治期间首次向奥斯曼高门纳贡，自那以后一个多世纪，纳贡被认为是一种换取和平的方式。1541年，匈牙利王国在苏丹的打击下瓦解（该国的中部成为土耳其帕夏统治的行省，延续了大约150年；西部被哈布斯堡王朝占领；而东部即特兰西瓦尼亚及西部地区成为苏丹统治下的自治公国），而波兰与奥斯曼人缔结了和平，这使罗马尼亚各公国失去了以往的基督教盟友。罗马尼亚公国、摩尔多瓦、巴纳特和克里沙纳的广大地区都被土耳其直接占领，而其余未被占领地区面临的压力也日渐增长。特兰西瓦尼亚的自治公国（1541—1688年）是一个务实的公国，在信奉新教的匈牙利大公（加尔文派教徒）领导下，走上了现代化的道路，其基础建立在一个自成一格的政治和宗教体系之上：这个公国由三个民族（匈牙利人、萨斯人和塞库伊人）共同统治，还有四种"宗教"（实际上是教派：加尔文教派、路德教派、一位论教派和天主教派）。罗马尼亚人是这个国家人数最多的民族，但却被排除在权力阶层之外，他们的东正教信仰只允许在特定的地方和条件下存在。特兰西瓦尼亚的大公与喀尔巴阡山南部和东部的罗马尼亚大公一样，都由本国议会选举产生，并得到苏丹的任命。

就这样，从16世纪下半叶开始，组成罗马尼亚的三个公国——罗马尼亚公国、摩尔多瓦和特兰西瓦尼亚逐步被纳入奥斯曼实际宗主权控制下，并被同化为奥斯曼帝国的特权省份。从法律的角度来看，三国的制度是完全相同的，但实际上奥斯曼帝国对特兰西瓦尼亚施加的压力要比其他两个罗马尼亚公国轻得多。另一方面，基于地位上的不同，罗马尼亚诸公国在与奥斯曼帝国关系方面上的看法存在巨大差异。当奥斯曼人把罗马尼亚诸公国作为他们管辖的特权省份之时，罗马尼亚人和欧洲的基督徒都知道这种臣服只是形式上的，蒙特尼亚[①]、摩尔多瓦和特兰

[①] 译者注：罗马尼亚公国的别称。

西瓦尼亚的大公们"不是作为失败者，而是作为胜利者"臣服（根据菲利波·布纳科西·卡里玛奇乌斯的说法）。这些公国的"臣服"基于双边条约（按照奥斯曼的惯例，这实际上就是不平等条约），后来被叫作投降，在土耳其语中称作"ahd-namé-le"，其中包含了相互的权利和义务。作为对奥斯曼人"保护"罗马尼亚诸公国的回报，这些公国不得不接受一系列事项，例如苏丹对其大公的任命、实行符合高门利益的外交政策、每年向奥斯曼帝国进贡、与奥斯曼帝国开展优惠贸易等。作为回报，诸公国的大公可以是基督教徒（由公国自行选举，高门仅进行任命），统治阶级仍然来自本土，所有的国家机构和法律都被保留下来，包括基督教的财产和教堂，土耳其人不得在这些公国永久定居，不得拥有不动产，不得传播伊斯兰教，也不得修建伊斯兰教礼拜场所等。这种制度显然优于多瑙河以南的前基督教国家（以及多瑙河以北帕夏统治的行省和土耳其军管区）的制度，这些地方由奥斯曼总督统治，贵族阶级被消灭，财产划归土耳其统治者，教会也饱受压迫，部分基督教徒被伊斯兰化。也许这就是为什么在罗马尼亚诸公国有特权的情况下，民族的力量有时会在一位杰出领导人的号召下聚集起来，例如：勇敢的米哈伊、马泰伊·巴萨拉布、谢尔班·坎塔库济诺、康斯坦丁·布伦科维亚努以及迪米特里耶·坎泰米尔等，他们让众人回想起了昔日的辉煌，唤醒了民众对未来解放的希望。其中勇敢的米哈伊在1593—1601年间意识到，要在罗马－德意志皇帝的支持下组建一个强大的反奥斯曼集团，并短暂统一了构成现代罗马尼亚的三个公国。因此，这位大公成为真正的民族象征，激励着人们在19世纪为实现国家统一而斗争。马泰伊·巴萨拉布在1632—1654年被视为"整个东方的将军"，有潜力实现巴尔干和君士坦丁堡的解放。谢尔班·坎塔库济诺在罗马尼亚三个公国学者的帮助下，于1678—1688年在布加勒斯特主持了罗马尼亚语版

《圣经》的翻译和出版工作。康斯坦丁·布伦科维亚努在1688—1714年期间与西方世界保持接触，他以自己的生命为代价，用殉教的方式捍卫了家族及国家的基督教属性和罗马尼亚属性。

然而，奥斯曼的宗主制度（16—18世纪）以及巴尔干和东方文明在罗马尼亚人中造成了巨大的影响，严重阻碍了其与繁荣而充满活力的西方进行交流。对外国的依赖以及自身发展前景的黯淡造成了罗马尼亚人失败、麻木、守旧的观念。将希望越来越多地寄托在来世上，寄托在信仰和教会的帮助上，寄托在诵经祈祷上，寄托在对上帝救赎的期待上。教堂里的人越来越多，人们等待着救赎的信号。特兰西瓦尼亚的罗马尼亚人首先觉醒，因为他们在地理位置上更靠近西方，从16世纪开始，萨斯族和匈牙利族的学生带回了新的学说，各国的商人和游客则讲述着西方的繁荣和欧洲另一半的自由。这些欧洲思想的早期代表人物之一是特兰西瓦尼亚人尼古拉·奥拉胡斯，也被叫作罗马尼亚人尼古拉（1493—1568年），他是匈牙利的大主教和哈布斯堡王朝治下匈牙利的摄政王。他一生都为自己的身份自豪，他具有罗马尼亚人的血统，也是罗马后裔，还是罗马尼亚公国统治者（阻挡了土耳其人的前进之路）的后代，他使外国人看到了罗马尼亚民族的拉丁属性，看到了其语言继承自罗马人这个西方文明世界最光荣的创造者。一些作者（尤其是外国人）的作品明确提到，从14世纪到16世纪，一些罗马尼亚人在中世纪就意识到他们的罗马起源（他们从神话中隐约得知，从图拉真皇帝"最先建国"时起，罗马尼亚人就从罗马人中衍生而来），他们称自己的语言为罗马尼亚语，并称自己为"罗马尼亚人"或者"罗马人"，而不同的是，外国人则称他们为"瓦拉几亚人"。到16世纪末，后来组成现代罗马尼亚的三个公国以拘谨的姿态在欧洲价值体系内走上了现代化的道路。大约就在同一时期（约1500—1600年），处于明朝末期的中国也发生了重要的社会和经济变革，城市化进程加剧，手工业和贸易蓬勃发展。

17世纪，摩尔多瓦的一些贵族子弟在波兰的人文学校深造后，开始用罗马尼亚语撰写编年史，书中展示了罗马尼亚民族的罗马属性和罗马尼亚语的拉丁属性，自豪地谈论"罗马尼亚人"这个源自拉丁语"罗马人"的称号，还谈论关于图拉真（他来自世界城市之母——罗马）最先"建国"的事迹。他们就是格里戈雷·乌雷凯和米隆·科斯廷。此外，还有罗马尼亚公国的御膳大臣康斯坦丁·坎塔库济诺，他于"教学之乡"帕多瓦求学，那里有欧洲最古老和最负盛名的大学，他在那里接受了希腊-拉丁古典主义思想和之后的人文主义思想。他还从源头上对伟大的罗马文明通过罗马尼亚人延续到多瑙河和喀尔巴阡山地区这一过程进行了考证。他的著作《罗马尼亚公国史》，论证了罗马起源和罗马尼亚人的统一性（他提到，无论位于哪个省份，瓦拉几亚人都称自己为罗马尼亚人，"所有这些人都同源共流"，即来自意大利的罗马）。大约在同一时期，即约17世纪中叶（1644年），清王朝开始在中国确立自己的统治，这意味着满族人的统治阶层逐步建立起来，他们占据了重要的官职，将尊崇儒家学说的中华帝国划分为18个汉地行省和3个满洲行省。

摩尔多瓦亲王迪米特里耶·坎泰米尔（1710—1711年在位）在罗马尼亚人重新融入欧洲的道路上迈出了重要的一步，他博学多识且通晓多种语言，集历史学家、地理学家、作家、音乐家、奥斯曼学家、神学家、哲学家、科学家等身份于一身，参与了欧洲启蒙运动，是莱布尼茨的好友，还成为柏林科学院的第一位罗马尼亚籍院士。通过撰写《摩尔多瓦记述》（拉丁语）和《罗马-摩尔多瓦-瓦拉几亚古代编年史》（拉丁语，后被译为罗马尼亚语），他确立了罗马尼亚人在欧洲的地位。在上面提到的第二部著作的前言之前，他就通过展开标题明确指出了罗马尼亚人的统一性和拉丁性："这部编年史涵盖整个罗马尼亚国家（后来分为摩尔多瓦、蒙特尼亚、阿尔迪亚尔①等公国），始于罗马皇帝图拉真建国。罗马尼亚人始终用同一个名号来称呼自己。罗马人定居在此后，一直延续到了今日。"这部著作将罗马尼亚人列入了拉丁民族，自然也将其纳入了欧洲范围内。坎泰米尔是第一位具有欧洲视野的罗马尼亚学者，他深信西方文明更有价值，也更具优越性，而奥斯曼帝国必将衰落（他撰写了第一篇关于土耳其历史的专著《奥斯曼宫廷兴衰史》，以拉丁语和其他国际通用语言出版）。在他生命的尽头，他隐退到俄国沙皇彼得一世那里，他相信这位君主会将西方成功的制度移植到信仰东正教的东欧。

通过17世纪的学者们和迪米特里耶·坎泰米尔的努力，用罗马尼亚语（当时使用西里尔字母）进行写作取得了成功。而用罗马尼亚语写作的文化发端于15世纪，这要归功于一些颤音化的宗教文本（将两个元音之间的辅音"l"或"n"转换为"r"），这些文本都创作于特兰西瓦尼亚，这一地区受西方的影响最深。同样是在这里，出现了第一批罗马尼亚的学校、第一批被翻译为罗马尼亚语的书籍以及第一批罗马尼亚的印刷品，此外还开始使用拉丁字母书写。从16世纪开始，西方拉丁和新拉丁国家的影响力越来越大（主要是在特兰西瓦尼亚），而对于罗马尼亚人来说，随之而来的就是文化上教会斯拉夫语的影响日渐减弱。如人们所见，17世纪的编年史家们使用罗马尼亚语写作，正如迪米特里耶·坎泰米尔，他使用了大量的拉丁语和罗马尼亚语。

---

① 译者注：特兰西瓦尼亚的别称。

第二章
启蒙时代（公元18世纪）或
"通过文化走向自由"

第一节 新的政治制度：哈布斯堡式及法纳利奥特式

18世纪也叫启蒙时代，给世界带来了许多文化和自由，或者说自由的模式，但同时也带来了专制暴政、征服、战争和许多苦难。本世纪的中国也出现了这种矛盾的现象和进程：皇帝下令废除贱籍制度、限制八旗旗主权力、驱逐基督教传教士并拆毁教堂、革新税收制度、限制和禁止鸦片消费。

罗马尼亚诸公国也进入了一个新时代，通过政治斗争和民族解放建立了现代国家。几个世纪以来一直处于休眠和分裂状态的中世纪诸公国，通过加强内部联系和争取自由而苏醒，进入了一个新的、充满活力的阶段。当然，在教会、家族、君主、国家等各种名义下产生的不公和罪行仍然存在，但我们应当明辨是非，不能因此而谴责国家本身，因为国家由共同生活的人们组成。

大国之间为争夺中欧、东欧、南欧地区的统治权而展开竞争和较量，这导致了罗马尼亚诸公国的地位发生了改变。在这种情况下，特兰西瓦尼亚被哈布斯堡王朝占领，而摩尔多瓦和罗马尼亚公国在保持自治的同时，对奥斯曼帝国却更加依赖。土耳其人在中欧的最后一次挣扎是1683年对维也纳围攻失败。在扬·索别斯基国王领导的波兰军队以及其他基督教军队的帮助下,维也纳解除了围城之危,奥地利人取得了胜利。他们追击土耳其军队,并以解放基督教国家为由占领了匈牙利、斯洛文尼亚、克罗地亚和特兰西瓦尼亚(1684—1699年)。原本近乎独立的特兰西瓦尼亚此时臣服于奥地利,完全丧失了对外自由,内部也被奥地利当局控制。在进入该地军队的帮助下(1687—1688年),奥地利体制建立起来,迫使匈牙利贵族、萨斯人和塞库伊人这三个组成议会的民族拒绝奥斯曼宗主权并接受"帝国的保护"。1691年颁布的《利奥波德证书》(以皇帝利奥波德一世的名字命名)是一份基础性文件,在大约150年的时间里作为特兰西瓦尼亚的宪法使用。该证书实际上是奥地利人与特兰西瓦尼亚各民族之间订立的一种契约,其中规定保留上述三个民族的中世纪特权,维持"三个民族、四种'宗教'"的体制。作为特兰西瓦尼亚并入帝国的后果,罗马尼亚人的从属地位进一步加深。1699年,土耳其人被迫在卡洛维茨(今塞尔维亚境内)签署条约,正式放弃特兰西瓦尼亚。

奥地利人为了把"基督徒"从"异教徒"手中解救出来,原本想带着他们的军队越过喀尔巴阡山,直抵多瑙河和黑海,但俄国在该地区有着很大的利益,而奥斯曼帝国虽然趋于衰落,但也决不允许这样的事发生。罗马尼亚大公们的反复"背叛",尤其是迪米特里耶·坎泰米尔和康斯坦丁·布伦科维亚努,使土耳其人决定寻找征服罗马尼亚人的新方法,将他们维持在奥斯曼帝国的影响范围内。因此,他们于1711年和1716年先后更换了摩尔多瓦和罗马尼亚公国的本土大公,由他们更加信任的希腊大公来统治这两个公国。这些希腊大公来自君士坦丁堡的法纳尔地区(因此被称为法纳利奥特人),他们带来了一系列希腊元素(贵族、仆人、官员),所有这些人都渴望着快速致富。虽然同为基督徒,但罗马尼亚人对他们并无好感,因为他们作为压迫者,表现得更像是土耳其人的走狗。尽管如此，许多"法纳利奥特人"具备文化素养且思想开明，与罗马尼亚和欧洲的理想紧密关联。其中一些人甚至出自罗马尼亚家庭或被罗马尼亚化的家庭，因某些当地利益而被一体化。法纳利奥特时代持续了一个世纪（直到1821年），尽管对奥斯曼帝国的依赖加深，但外喀尔巴阡山的这两个罗马尼亚公国保持了自治，也就是说，他们在内部自行统治，设有自己的机构，没有表现出伊斯兰化的倾向，从制度上看也仍然是基督教国家。

第二节　特兰西瓦尼亚罗马尼亚人与罗马教会的联合

新的政治变革随着奥地利人的到来而结束，在被"解放"的基督教国家的许多政治团体看来，这并不是什么好事。尤其是在特兰西瓦尼亚和匈牙利，特权民族对此十分不满，萨斯人和匈牙利贵族甚至发动了起义。这其中最大规模的一次当数弗朗西斯·拉科奇二世在1703—1711年领导的反哈布斯堡起义，社会各阶层人士纷纷参与，并得到了法国和俄国的支持。对于特兰西瓦尼亚的特权民族而言，这种对公国的直接统治颇具压迫性，比奥斯曼帝国的统治更为严酷，后者仅是形式上的间接"遥控"统治。

罗马尼亚人从一开始就对这种新的统治没有清晰的认识，但他们预感到权力结构可能会发生一些变化。哈布斯堡王朝可能会是一种平衡因素来消除或减轻歧视，并以某种方式接纳罗马尼亚人为平等公民，就跟那些已经被承认的民族一样。随着哈布斯堡王朝实施新的宗教政策，这个机会出现了。

奥地利人将军事威慑与说服教化结合起来，认为教会应该与军队、行政机构和哈布斯堡王朝的当权家族一起，在实施统治方面发挥重要作用。显然，这就是哈布斯堡王室和大多数臣民都信奉的天主教。但在特兰西瓦尼亚，因为天主教徒的数量最少，天主教是所有被承认的宗教中最为弱势的。宗教改革后，几乎所有人都转向了新的信仰，天主教徒也不再有教区，罗马教会原来的财产也都被信奉新教的公国没收了。16世纪，罗马教廷颁布特别命令，意图重新夺回天主教失去的地位。耶稣会的修士们向皇帝诉说了事情的经过，并提出了解决方案：无论如何努力，新教徒（即曾经的天主教徒）都不会回归天主教，即使他们回归了，人数也太少，还不到总人口的三分之一。而信奉东正教的罗马尼亚人占人口的大多数，他们正遭受着歧视（处境比其他民族更糟糕），并且为了换取权利，他们也更愿意接受天主教。持这种主张的人认为，这对奥地利人至少有两个好处：一方面可以制衡特权民族过大的权力，避免他们挟权自重，尤其是匈牙利贵族；另一方面也可以把罗马尼亚人变成王室的忠实臣民。特权民族察觉到了危险，于是反对罗马尼亚人与天主教（他们称之为罗马）联合，并试图将罗马尼亚人引向信仰新教，尤其是加尔文教派。然而，加尔文教派早就盯上了特兰西瓦尼亚的罗马尼亚教会（从1550年起），且倾向于彻底废除拜占庭传统，使罗马尼亚人成为真正的加尔文派教徒，但这引起了极大的反抗和抵制。此外，把罗马尼亚人引向宗教改革对维也纳宫廷来说也是巨大损失，这会使其失去那些新的、潜在的忠诚信徒，因而绝不能鼓励这种行为。因为此原因，在1697—1701年期间，维也纳宫廷起草了一系列文件，其中一些是正式的契约，其中规定罗马尼亚人必须承认教皇为普世教会的领袖，并接受其他一些微小的改变，使其更接近天主教，但他们可以不受约束地保留拜占庭的仪式、历法、节日和习俗，此外还可以享有许多权利：罗马尼亚神甫（在此之前类似于农奴）与特兰西瓦尼亚其他教派的神甫一律平等，甚至整个罗马尼亚民族与国内的匈牙利族、萨斯族和塞库伊族也一律平等。

1698年10月7日颁布的关于宗教联合的法令,表明东正教的全部传统得以保留:

> 我们通过这种方式联合起来并承认自己是罗马神圣天主教会的成员,我们和我们的后代将延续东正教的习俗。此前所有的仪式、节日、斋戒,从现在开始依然按照原来的历法自由保留。至于我们尊敬的主教阿塔纳西耶,在他升天之前谁也无权把他赶下圣位。即使他去世了,新的主教也需要经过教务会议选出,由神圣的教皇和尊贵的皇帝进行任命,再由牧首为其赋职。无论现在还是将来,大臣和大司祭都应依照以往的惯例,互不干涉彼此的事务。如果今后我们和我们的后代不被允许在此居住,那么我们的印章和签名将不再具备任何效力。以上事项我们已确认无误,有大主教区的印章为凭,这是更加有力的证据。[①]

作为联合的条件,哈布斯堡王朝也于1699年和1701年先后颁布了两份特许状,确保罗马尼亚人与已获承认的民族相平等。新的教会在东正教或拜占庭的基础上添加了罗马天主教元素,并将其更名为希腊—天主教会("希腊"在此处即指东正教)。新的教会最先被路浔人(乌克兰人)以及西部地区(尤其是萨图马雷和比霍尔)的一些罗马尼亚人所接受。通过这一措施,来自特兰西瓦尼亚的罗马尼亚人(他们从此感觉自己是一个民族)在经历了几个世纪的屈服与严重不公之后,似乎与他们的主人平等了,并由此获得了新的尊严。从本质上讲,这是一次具有深远政治影响的教会行为,因其能够把特兰西瓦尼亚的罗马尼亚民族从

---

① 伊万·卢帕什,《特兰西瓦尼亚历史文献》,第一卷,克卢日,1940年,第464—467页。

不平等和屈辱中解救出来。

然而契约并未得到如实遵守，由于匈牙利贵族的强烈反对，奥地利王室无法保证此前许诺给罗马尼亚民族的平等，深感失望的罗马尼亚人也没有全部改信新的教派。尽管如此，在大约60年（1700—1761年）的时间里，特兰西瓦尼亚的罗马尼亚人还是被官方算作希腊—天主教徒或"与罗马联合的人"，即便不是所有人都信奉此教。在此期间，他们在特兰西瓦尼亚只有一个主管教区（教会的行政区划），与主教区平级（此前这里有一个包括多个主教区的大主教区）。也有人持反对意见，目的是保留正统的东正教，有些甚至采取了暴力形式（由来自乔奥拉的修士维萨里翁·萨拉伊和索夫罗涅领导），这使人们重新认识到东正教会和那些未接受联合的罗马尼亚人（大多居住在特兰西瓦尼亚南部，特别是在布拉索夫和锡比乌地区）仍在斗争。因此，在1759—1761年期间，特兰西瓦尼亚的罗马尼亚东正教会重获新生，级别为主教区。而那些信仰希腊—天主教的罗马尼亚人，通过其在维也纳、罗马、布达或特尔纳瓦（今斯洛伐克境内）等地受过教育的先驱，筹备并发起了民族的政治斗争，并在布拉日为自己的民族创办了高等学校（1754年），培养了一代代有名望的知识分子和杰出的政治家，他们皆具有中欧和西欧精神。

伊万·伊诺琴丘·米库-克莱因主教这样表达自己对祖国的热爱：

我不知道祖国是以何种甜蜜吸引着我们所有人，让我们对其难以忘怀。我寿命将尽，希望我的灵魂在与肉体分离之时，能通过最虔诚的祷告和你们神圣的礼拜被推荐给我的造物主，并让我的尸骨在布拉日备受敬仰的修道院中等待复活……只有在祖国的土地上，你才能真正复活。[①]

第三节　奥地利人和法纳利奥特人的改良主义

奥地利人和法纳利奥特人都试图根据开明专制的原则自上而下进行社会改革，有时甚至效法一位皇帝（约瑟夫二世）的方式："一切为了人民，从不依靠人民。"

特兰西瓦尼亚是哈布斯堡王朝的一个公国（自1765年起为大公国），但由一位总督统治，而这里的大公实际上是维也纳的皇帝。公国的议会不再掌权，相应的活动也减少了，连会议也很少召开。女皇玛丽亚·特蕾莎和皇帝约瑟夫二世在1740—1790年期间实行了最强有力的改革，其中包括：重组营利性生产活动、采取宗教宽容政策（包括东正教）、推进教育现代化、重新划分国家行政区划、废除特权民族的中世纪自治权（在为匈牙利贵族、萨斯人和塞库伊人特别划分的土地上）、分离行政权与司法权等。国家对贵族与农民的关系进行干预，确定农民每周劳动3—4天，试图以此限制地主的不公行为，并将普通百姓转化为优秀的纳税人，用以支持国家、军队等。到本世纪末（1785年），皇帝废除了农奴的人身依附，并在一定程度上改善了他们的处境。罗马尼亚人中的大多数是来自底层的民众和受压迫的农民，他们体会到了新的改革所带来的益处，这体现在：通过恢复东正教教区，宣布他们与萨斯人平等；有权在城市定居（被禁止了几个世纪之后）；可以学习手艺；不经主人同意就可结婚；不再是束缚于土地的农奴。皇帝想沿着特兰西瓦尼亚和巴纳特山的边境部署团级和营级军队，这被塞库伊人拒

[①] 弗兰奇斯克·帕尔，《伊诺琴丘·米库-克莱因，1745—1768年流亡罗马》，第1-2卷/1-2部分，克卢日-纳波卡，1997年。

绝，而罗马尼亚人则视其为一种恩惠，因为应征入伍后，如果没有在战斗中丧生，就可以获得个人的自由（罗马尼亚农奴自参军之日起立即成为自由人）。然而，对于保守的贵族（旧秩序的捍卫者）来说，这些措施是"革命性的"，并引起了他们的反对。对于罗马尼亚人来说，这些措施则代表着更美好的希望，特别是在皇帝约瑟夫二世访问特兰西瓦尼亚和巴纳特之后，在他们的心中树立了贤主的形象。

以下摘自1773年皇帝约瑟夫二世特兰西瓦尼亚行记（皇帝的随从——萨斯人海登多夫叙述的片段）：

在沙罗什镇（作者注：今特尔纳瓦的沙罗什）境内，请愿者们（作者注：那些有求于皇帝的人）沿着道路的各处跪在皇帝面前，其中包括特兰西瓦尼亚的所有民族，来自所有的村庄和城市，他们用手将请愿书高高举起。皇帝在每一个人面前都停下脚步，让他们起身，对萨斯人讲德语，对罗马尼亚人讲罗马尼亚语。然后亲手接过他们的请愿书，询问他们的诉求，并在听完诉说之后，告诉每个人将会研究这些诉求，依然是对萨斯人讲德语，对罗马尼亚人讲罗马尼亚语……在离布拉泰伊村不远的地方，来自梅迪亚什地区所有未接受宗教联合的神甫（即东正教神甫）和一大群人等候着皇帝，他们请求皇帝归还教堂，他们的教堂此前被夺走后，给了已接受宗教联合的罗马尼亚人。约瑟夫二世促使两个宗教团体轮流使用同一个礼拜场所。对于这个明智而无奈的决定，罗马尼亚人表示满意并深鞠一躬。[①]

法纳利奥特大公们，尤其是来自马夫罗科达特家族的，也计划并

[①] 伊莱亚娜·博扎克，特奥多尔·帕维尔，《1773年约瑟夫二世皇帝的特兰西瓦尼亚之行》，第1卷，第2版，克卢日-纳波卡，2007年，第18页。

实施了一系列改革，首先在巴黎的《法国信使》杂志上发表了题为《宪法》的文章，对改革进行了概述。通过社会改革，国家对主仆之间的所有权关系进行了干预，并废除了土地对农奴的束缚（人身依附）。这使农奴重新获得了迁移的权利，也就是说，如果他愿意，就可以去其他人的田地中劳作。此外，他们仍有义务为地主无偿工作数日，但工作量是特兰西瓦尼亚的十分之一左右。因此，许多罗马尼亚人越过喀尔巴阡山，在罗马尼亚公国和摩尔多瓦定居。这一时期，在喀尔巴阡山南部和东部的山脚下建立了许多"特兰西瓦尼亚人"的定居点，他们实际上就是来自特兰西瓦尼亚的罗马尼亚人，也就是从"匈牙利地区"来的，这个事实表明特兰西瓦尼亚的罗马尼亚人向罗马尼亚公国和摩尔多瓦迁移已成为大势。在税制改革方面，用单一的个人固定税取代众多杂税，每年分四期缴纳。通过行政改革，各类职位都可获得薪酬，国家机构也进行现代化改革。有时，同一位法纳利奥特大公先后对罗马尼亚公国和摩尔多瓦进行了统治，采取了相同或相似的措施，为两国的制度和政治统一奠定了基础。

第四节 "东方问题"之争

尽管人们对变革和现代化很感兴趣，甚至在这方面有可靠的方针，但中欧和东南欧仍深受敌对和武装冲突带来的苦难。奥斯曼帝国已沦为"欧洲病夫"，无法再继续统治它自14世纪以来征服的大片领土和基督教民族。究其原因是自身内部的脆弱、奥斯曼社会危机的加深、人民对解放的渴望，还有列强之间为了争夺苏丹的遗产而发生的争斗。奥地利和俄国站在此次争端的最前沿，这场叫作"东方问题"的争端，归根结底就是一个问题：谁将得到土耳其在欧洲无法再统治的东西？罗马尼亚人和他们的一些邻居一样，在这些斗争中饱受苦难，但他们也试图获得一些利益。首先，1716—1812年，俄国、奥地利、土耳其三国之间爆发了一系列战争，这些战争大多数是在罗马尼亚领土上进行的，导致了财产损失和人员伤亡。罗马尼亚人以雇佣兵或志愿兵的身份参加战斗，站在基督教国家一边抗击土耳其。在此期间，罗马尼亚的一些省份成为争议的主题，这些省份被外国占领，而且主要是那些声称帮助罗马尼亚人的基督教国家。就这样，奥尔特尼亚落入了奥地利人之手（1718—1739年）；布科维纳也是如此（1775—1918年）；比萨拉比亚被俄国人占领（1812—1918年）；巴纳特于1552年被土耳其人部分占领（还有其他一些地区，后被奥斯曼帝国吞并），而现在被奥地利正式占领（1718—1918年）。此外，如前文所述，特兰西瓦尼亚在1688—1699年处于奥地利统治之下，其中世纪的治理体系和对罗马尼亚人的歧视在很大程度上仍然存在。因此，罗马尼亚人为争取民族权利，转向了有组织的运动。喀尔巴阡山的南部和东部地区尽管附属于奥斯曼帝国，由希腊大公的随从统治并且丧失了领土，但国家仍然是罗马尼亚的。这里有一个受过教育的罗马尼亚统治阶级，他们也开始为独立甚至为罗马尼亚人的政治统一而斗争。18世纪发生在罗马尼亚公国的危机，在中国历史上也有对应的情况，大臣们被分为满汉两个对立的群体，还爆发了多次边民起义，此外，国库也日渐空虚，政治腐败进一步加剧。

第五节　民族解放斗争

在1500—1600年期间，越发明显的是，西欧古老的中世纪国家，尤其是法国和英国，显现出新的特征并成为现代国家。1600年后，得益于勇敢的米哈伊完成了罗马尼亚诸公国的统一，再加上欧洲新思想的影响，古老的中世纪国家开始在罗马尼亚人身上赋予现代特征。17世纪在国土方面取得的一些成就激励着罗马尼亚人统一国家的信念，唤起了他们作为罗马后裔的意识，并投身于民族解放斗争。现代民族通过实际行动，以各种大的运动登上历史舞台，最终建立起统一的民族国家。而在之前的几个世纪里，即15、16和17世纪，一些罗马尼亚人知道他们"从罗马皇帝图拉真最先建国时起"就是罗马人的后裔，特兰西瓦尼亚、马拉穆列什、巴纳特等公国的绝大多数居民都说同一种语言，属于同一个民族。但这种信念处于昏睡之中，没有引起整个社会名义下的行动。可见，发起运动的时刻还未到来。然而，启蒙时代的到来把罗马尼亚人统一的信念及其民族的拉丁性和古老性转化为民族解放的具体行动。所以，现代民族不同于中世纪的民族群体，它变得更为活跃并且追求本民族的自由和解放。

民族斗争的形式多种多样，但可以分为宗教（教派）斗争、政治斗争、社会斗争和文化斗争等。让我们一起来回顾一下它们的具体表现：

1. 宗教领域：

· 与罗马教会的联合；

· 由希腊—天主教会主教米库-克莱因领导的运动；

· 东正教在特兰西瓦尼亚的反应。

2. 政治领域：

· 罗马尼亚公国和摩尔多瓦的贵族致大国的请愿书；

· 特兰西瓦尼亚罗马尼亚人的请愿活动。

3. 社会领域：

· 霍雷亚的起义；

·图多尔·弗拉迪米雷斯库领导的运动。

4. 文化领域：

·以阿尔迪亚尔学派为代表的激进的启蒙运动，其他公国也有类似的运动。

宗教领域：通过教会走向民族

将特兰西瓦尼亚罗马尼亚人与罗马教会联合起来的想法是一种具有政治意义的教会行为，而罗马尼亚人给予一种民族性的回应，其形式是：如果给我们民族权利，我们就联合！因此，罗马尼亚人的民族解放纲领是由一位教会人士制定的，即1728年起担任联合教会（即希腊—天主教会）主教的伊万·伊诺琴丘·米库-克莱因。他起草了一系列给奥地利政权和地方当局的请愿书，指出最后的期限已经到了，即罗马尼亚人已与罗马教会联合，但之前承诺的权利并未赋予他们。他多次态度强硬地要求这些权利：罗马尼亚人要摆脱被奴役的状态，并被看作各民族中的一员，与其他民族完全平等；罗马尼亚人有权担任各类公职，包括政府和议会（当时议会中只有一名罗马尼亚人，就是这位主教），有权按人口比例学习知识和手艺；减轻农民的负担，改善所有社会阶层中被压迫人民的总体状况。主教要求民族权利的理由是现代且合乎逻辑的：罗马尼亚人占公国人口的绝大多数，他们承担了大部分公共任务（纳税、服兵役等），尽管他们是公国最古老的居民，是图拉真皇帝移民此地的罗马人的后裔，但现在受益的却是其他人。在伊诺琴丘·米库看来，罗马尼亚民族的生存条件及其历史传承是政治斗争的武器，他的诉求则成为特兰西瓦尼亚所有罗马尼亚人实现民族解放的真正政治纲领。

未获承认的罗马尼亚民族处境悲惨，再加上其他民族的反对与蔑视，使这位主教更加顽强且坚信自己的正义，他也成为政治领袖：他在布拉日（联合教会的中心）召开了一次教务会议，召集罗马尼亚人中最重要的代表，包括教士和世俗人士、希腊—天主教徒和东正教徒，商讨民族的重大问题。事实上，这次会议也像是所有罗马尼亚人的一次集会或者一个全民族代表机构。玛丽亚·特蕾莎女皇对主教的激烈行为恼怒已久，将他召唤到维也纳（1744年），对他进行了非法审查和威胁。此后，为获得教皇的保护，他秘密来到了罗马。伊诺琴丘·米库-克莱因主教在海外流亡了24年，直到1768年逝世，他被禁止回到人民当中，但他无时无刻不思念着人民。他向高级教士和欧洲各国君主们递交了数十份请愿书，旨在改变自己民族的命运。他死在流亡意大利的途中，期待着在故乡特兰西瓦尼亚"复活"，他坚信"只有在祖国的土地上，你才能真正复活"。

这位殉道主教的愿望（为信仰而死）在230年后才得以实现，他的遗体于1997年秋天从罗马运回并安葬在布拉日大教堂。

尽管在1699—1701年期间通过皇室正式文件进行了书面承诺，但特权民族以及受其影响的维也纳宫廷仍然拒绝给予特兰西瓦尼亚罗马尼亚人相应的权利，并且无视伊诺琴丘·米库的抗争，将其流放，这些都在罗马尼亚人中引起了轩然大波，助长了回归东正教的趋势。1744—1763年期间爆发了一系列运动，其中一些还是暴力运动。在这之后，一部分特兰西瓦尼亚罗马尼亚人继续信奉或者回归了东正教。为此，维也纳宫廷接受了东正教教区的恢复，但级别为主教区，而不是之前的大主教区，中心位于勒希纳里（后迁至锡比乌）。因此，从1761年起，罗马尼亚人正式拥有两个教会，一个是东正教会，另一个是希腊—天主教会，均采用拜占庭仪式。不幸的是，特兰西瓦尼亚罗马尼亚东正教会的领导权被维也纳宫廷委托给了一些塞尔维亚主教（隶属于塞尔维亚卡洛维茨大主教区），他们中的一些人既不会罗马尼亚语，也没有完全认同罗马尼亚民族的诉求。经历了迪奥尼谢·诺瓦科维奇、索夫罗涅·基里洛维奇、盖德翁·尼基蒂奇、盖拉西姆·阿达莫维奇等塞尔维亚人的长期领导后，1811年，第一个罗马尼亚人终于上位，他就是瓦西里·莫加主教。

伊诺琴丘·米库–克莱因说过：

"背负重任之人，自有用武之地。"①

政治领域：民族的承认和达契亚的重建

在特兰西瓦尼亚，除了神甫之外，罗马尼亚人没有可以信任的统治阶级，而伊诺琴丘·米库已向世人展示一位高级教士是如何在必要的情况下变成政治领袖的。他的继任者们同样是教会人员，不但继承了他的事业，还将其提升到了新的高度。哈布斯堡王朝首次官方人口普查清楚地显示了罗马尼亚人占特兰西瓦尼亚总人口的三分之二，而由匈牙利人、萨斯人和塞库伊人构成的统治阶级只占三分之一，享受着所有的益处，他们实行统治、组成议会和地方机构、掌管立法和司法，并拥有国家资助的学校和其他一些文化机构等。1780—1790年，皇帝约瑟夫二世数次访问了特兰西瓦尼亚，同情罗马尼亚臣民的命运并向这些罗马后裔致敬。他曾尝试并成功改善了部分情况，削减了特权民族的一些中世纪特权，略微改善了罗马尼亚人的命运。但在1790年他去世以后，贵族们废除了他所有的现代化改革，回归了保守主义。此前，罗马尼亚领导人只接受过宗教教育，而到了此时他们也已接受过世俗教育。包括启蒙主义者、小贵族、来自布拉索夫的商人、罗马尼亚军队的军官等，他

---

① D.普罗丹，《罗马尼亚人的请愿书，罗马尼亚民族形成的历史》，增补与注释新版，布加勒斯特，1984年，第154页。

们正在筹划一场广泛的民族运动。伊万·帕拉、彼得鲁·马约尔、萨穆伊尔·米库、格奥尔基·欣卡伊、伊格纳蒂耶·达拉班特、伊万·皮瓦留·莫尔纳尔等人（大部分是希腊—天主教徒）起草了多份请愿书，其中最重要的一份被称作《罗马尼亚人的请愿书》，是1791年基于伊诺琴丘·米库的纲领起草的，成为罗马尼亚民族的代表性文件（从其标题就可以看出，这是以全体罗马尼亚人的名义制定的）。请愿书起草于奥拉迪亚，是由开明的联合教会（希腊—天主教会）主教伊格那提耶·达拉邦特在他的庭院中拟定的，然后被送到维也纳皇帝利奥波德二世那里。罗马尼亚民族提出了以下要求：

·消除对罗马尼亚人的"被容忍的""被接受的""民族间被忽视的"等仇恨和充满侮辱的称呼，这是卑劣且不公正的；

·罗马尼亚民族恢复行使所有公民权利；

·正式宣布罗马尼亚民族与公国其他民族在权利上相平等；

·按照罗马尼亚人的人口比例选举民族代表进入议会、其他中央和地方机构、行政部门，总体而言，也就是所有公共职位。

这份文件代表整个罗马尼亚民族发声，基于哲学、历史和实际（与当时的现实相关）的理由，由罗马尼亚的两位主教（即联合教会主教和东正教会主教）共同签署。请愿书的作者要求在国家的宪法体系中纳入罗马尼亚人，这是启蒙主义精神和法国大革命思想的体现，即人权、公民权利以及自由、平等、友爱原则。这份请愿书和之后其他请愿书一样，都没有引起统治者的重视，理由是这会推翻少数特权民族对罗马尼亚人进行统治的中世纪体制，事实也正是如此。如果请愿书被采纳，就会导致罗马尼亚人与其他民族平等相处，并将结束匈牙利族、萨斯族、塞库伊族对占人口大多数的罗马尼亚人的不公正统治。但是，罗马尼亚人的解放运动已势不可挡。来自中央和地方的数十份请愿书，产生于罗马尼亚人中越来越广泛的各个阶层，为19世纪的革命运动埋下了火种。

与此同时，罗马尼亚公国和摩尔多瓦的领导人正在为喀尔巴阡山以南和以东另一部分罗马尼亚民族的自由而战。依托谢尔班·坎塔库济诺，特别是迪米特里耶·坎泰米尔的独立思想，这两个公国的领导阶级出于对法纳利奥特体制的不满，制定了从奥斯曼宗主权中解放出来的政治纲领。从1735—1821年近一个世纪的时间里，开明的贵族和知识分子多次呼吁基督教大国，尤其是奥地利、俄国和法国，要求它们：尊重公国的自治权并承认其从土耳其独立出来，恢复罗马尼亚大公的统治，将罗马尼亚诸公国置于各大国的保护之下，归还多瑙河以北被奥斯曼人占领的地区（图尔努、久尔久、布勒伊拉等），将多瑙河作为土耳其和罗马尼亚公国的界河，由公国议会选举大公，开展自由贸易等。一些人甚至还设想，将罗马尼亚人居住的三个公国组建为一个"达契亚王国"，作为缓冲国家（可在其边境阻止大国的扩张欲望），以此来减少土耳其、奥地利和俄国之间的争端。支持这些诉求的依据基于罗马尼亚诸公国和奥斯曼帝国之间旧条约的传统之上，根据这些条约，土耳其人承诺在公国进贡后尊重公国的独立，不干涉它们的内部事务，保卫它们的领土和机构，不占领他们的土地等。此外，激发这些诉求的还有欧美兴起的先进思想、民族解放和个人解放思想、尊重个体和人民的思想。

1791年递交的《罗马尼亚人的请愿书》节选：

罗马尼亚民族是当今特兰西瓦尼亚各民族中最古老的，这是一件明确且被证实的事情。根据历史的证明、从未间断的传统以及相似的语言、风俗和习惯，罗马尼亚民族起源于2世纪初图拉真皇帝带来的罗马移民，无数批移民来到达契亚，其中还有数量庞大的老兵，用以保卫行省……

因此,谦卑与恳求的罗马尼亚民族,怀着应有的崇敬和服从来到陛下的宝座前,请求以下事项:

(1)"被容忍的""被接受的""民族间被忽视的"及其他可恶和充满侮辱的称呼被刻在了罗马尼亚民族的额头上,这既不合法也不合规。因其卑劣且不公正,现在应该以公开的方式全部予以废除和撤销。因此,恳请尊敬的陛下恩准,使罗马尼亚民族恢复行使所有公民权利。

(2)根据上文援引的1437年克卢日-默讷什图尔圣母修士会议的证据,恢复本民族与其他民族平等的地位。

(3)不得歧视本民族信奉东正教的神职人员,不论其想法是否与西方教会完全一致。还有贵族和城乡的平民,与组成联盟体制的神职人员、贵族和平民一样,也应该得到公正对待,并享受同样的权利。

(4)在选举各郡、区、城区的官员和议会议员以及在新任命或提拔皇家和地方宗教法庭官员时,要按照本民族人口比例公平地进行选拔。

(5)那些罗马尼亚族人口数量多于其他民族的郡、区和城区,其名称应当由罗马尼亚人确定,或者冠以匈牙利—罗马尼亚式、萨斯—罗马尼亚式的混合名称,或者最终完全清除由一个民族或另一个民族确定的名称。各郡、区只保留那些根据河流或城堡命名并沿用至今的名称。还应宣布公国的所有居民,不分民族或宗教,均可根据每个人的阶层和条件享受同样的自由和权利,并根据其能力承担同样的任务。

由上可以看出,这些诉求都基于自然公平和公民社会的原则以及所达成的协议之上……

[签名:]谦卑且永远忠诚的臣民,特兰西瓦尼亚罗马尼亚民族的教

十、贵族、军人和市民[①]

文化领域：阿尔迪亚尔学派及各公国的启蒙运动

罗马尼亚最重要的启蒙运动是阿尔迪亚尔学派，这是一个由知识分子组成的团体，他们将文化，尤其是其中的某些领域（历史、语文学或语言学、文学、法律或法学等）转化为政治斗争的武器，为民族解放服务。这是如何实现的呢？许多学者开始认为，通过在底层普通民众中传播书本的知识和文化的益处，可以消除这个世界上的不公正现象。这些学者和作家认为，文化可以让每个人感受到，甚至让人变得自由和无拘无束。首先是在思想上，然后是在现实生活中。从个人到更大的群体并不难，首先就是民族，也就是基于共同起源、语言、文化、宗教等的群体。尤其是在中欧和东南欧，很容易看出一些民族是自由且自主的，而另一些则是屈服和被奴役的。后者享受不到自由，没有自己的国家来捍卫自身利益，没有分享权利或领导国家的权力，没有内部公认的领导人，没有足够的学校，也没有足够的财富等。18世纪，处于这种境地的民族开始为改变命运、获得自由和解放而斗争。当时，政治争论中的历史论据受到了极大的重视：一个国家最古老和最高贵的居民理应在该国掌权，并享有所有权利。在这种情况下，按照这样的思维方式，罗马尼亚人受到了完全不公正的对待，因为他们作为罗马人的后裔，的确是特兰西瓦尼亚最古老和最高贵的居民，但却没有享受到应有的权利。为了用科学手段揭示罗马尼亚人的起源，需要受过高等教育的学者。迪米特里耶·坎泰米尔就是这样的学者，但他势单力薄，没能创建一个学派，换言之，即没能在他周围聚起一群追随者。解决方案来自与罗马教

[①] D.普罗丹，《罗马尼亚人的请愿书，罗马尼亚民族形成的历史》，增补与注释新版，布加勒斯特，1984年，第468—480页。

会联合的罗马尼亚人当中,他们虽然没有获得先前所承诺的权利,但有机会通过某种方式与西欧这个文明模式发源地建立起文化上的联系。首先,通过伟大的斗士,即希腊—天主教会的主教伊诺琴丘·米库和与其同时代的有志之士(如彼得鲁·帕维尔·阿隆)的共同努力,布拉日高等学校于1754年创建,成为培养神学家(教会人士)和学者的真正摇篮。这所学校最优秀的学生获得了奖学金,赴维也纳和罗马的学校深造,并在取得优异成绩后回国担任神甫、大司祭、高级教士、教师、官员、律师等。到18世纪末,一批学者和作家从这些人中脱颖而出,其中最重要的是萨穆伊尔·米库、格奥尔基·欣卡伊、彼得鲁·马约尔和扬·布达伊-德莱亚努。他们撰写了多部博大精深的历史和语文学著作,这些著作以新的证据证明了罗马尼亚人的罗马起源,及其在古老达契亚土地上生存的连续性,无论生活在哪个公国和行省,所有罗马尼亚人都具有统一性,罗马尼亚语的拉丁属性以及培育民族语言的必要性。他们鼓励出版启迪民智、铲除愚昧、消除迷信(指那些可以影响人们生活、与某些隐秘力量有关的信仰)的作品。最终,他们通过不懈努力,用科学论据证明了罗马尼亚人的古罗马起源,即罗马尼亚人起源于世界上最高贵、最文明的民族。他们故意忽略了罗马尼亚民族形成过程中对达契亚人的传承,因为达契亚人是"野蛮人"(未开化的),因此不那么"高贵"。由此可见,他们为实现民族和政治目标的努力是在文化领域中进行的。他们的作品出版之后,其中的思想观念自然也遭到特兰西瓦尼亚当权民族代表或维也纳人民的批判,罗马尼亚人并没有获得平等的权利,也没有实现民族解放,但这为19世纪的民族运动奠定了思想基础。

阿尔迪亚尔学派学者们最重要的著作是那些历史和语文学著作。例如,萨穆伊尔·米库撰写了《历史小记》《罗马尼亚人历史问答》

《罗马尼亚人历史常识》《罗马尼亚人历史大事记》，这些著作正确而有力地叙述了历史事件，其中摘录了大量编年史和其他文字资料，而当时引用其他作者的作品被认为是勇敢的行为。他还撰写了一些反映教会历史的著作以及回击约瑟菲·卡罗利·埃德尔（对《罗马尼亚人的请愿书》激烈的批判者之一）的论战文章《答约瑟菲·卡罗利·埃德尔》。受意大利历史编纂学的影响，在卢多维科·安东尼奥·穆拉托里的支持下，格奥尔基·欣卡伊撰写了《达契亚—罗马尼亚人回忆录》，又称《罗马尼亚人的达契亚年鉴》，此书另一个为人熟知的名字叫作《与整个达契亚—罗马民族或罗马尼亚民族相关的史实》。然而他的代表作还是《罗马尼亚人与若干民族的编年史》，本书在引用各类文献的基础上，体现了更具批判性的精神，并突出了更丰富的信息。彼得鲁·马约尔有两部优秀的代表著作，即《达契亚罗马尼亚人的起源史》和《罗马尼亚教会史》。前一本书记述了生动的辩论，包含了典型的讽刺性章节，其中心思想是罗马尼亚人的罗马属性。这种辩论在《对〈达契亚罗马尼亚人的起源史〉一书的作者彼得鲁·马约尔批评的回应》以及《关于达契亚罗马尼亚人起源历史介绍的观察报告》中也有体现，这两部著作也是彼得鲁·马约尔所作。扬·布达伊–德莱亚努也著有重要的历史巨作，但却鲜为人知，例如《关于特兰西瓦尼亚各民族的起源》《匈牙利人未通过武力占领特兰西瓦尼亚》《关于三个民族的联合及特兰西瓦尼亚通过的宪法》《斯拉夫人的历史》《〈罗马尼亚语—德语词典〉的历史介绍》等。阿尔迪亚尔学派的历史学家们并不是因为无知而坚持罗马尼亚人的纯正罗马属性，而是出于奋斗的精神，让人们认为罗马尼亚人是世界上最高贵民族的后裔，最高贵民族创造了最繁荣的文明并留下了令人印象深刻的文化遗产。而达契亚人是缺乏文化创造的"野蛮人"。当时公众的观念是反对历史权力或暴力权力的，他们认为只有最古老和最高贵的居民才配在一片领土（一个国家、一个省）上拥有所有权利。

在语言学领域，上述学者主张罗马尼亚语具有纯正拉丁起源的观点，致力于使用拉丁字母进行书写、消除罗马尼亚语中的斯拉夫词语和其他外来元素、进行语法的词源学研究。因此，萨穆伊尔·米库编纂了一本《罗马尼亚语—拉丁语词典》，并和格奥尔基·欣卡伊共同撰写了《达契亚—罗马语或罗马尼亚语的元素》一书，在书中将拉丁语和罗马尼亚语进行了对比。《布达词典》是一部1825年在布达出版的四语合集词典（罗马尼亚语—拉丁语—匈牙利语—德语词典），用大量罗曼语新词丰富了罗马尼亚语，并取代了其他来源的术语。彼得鲁·马约尔在《达契亚罗马尼亚人的起源史》一书的结尾处插入了一篇《关于罗马尼亚语起源的论文》，他在文章中指出罗马尼亚语源于通俗拉丁语。他还著有《罗马尼亚语或拉丁—罗马尼亚语正字法以及一把打开单词词源之门的钥匙》以及附录《叔侄之间关于罗马尼亚语起源的对话》。在文学领域，阿尔迪亚尔学派最重要的创作是扬·布达伊–德莱亚努的《茨冈史诗》，副标题为"茨冈人阵营"，这部"喜剧化的英雄史诗"是第一部用罗马尼亚语创作的史诗，描写的寓言主题具有讽刺性，并体现了反封建和反教权思想。根据当时欧洲的精神，史诗开篇便传递希腊—罗马古典主义的文学价值，并哀叹没有一位"荷马"来记述斯特凡大公、勇敢的米哈伊这些罗马尼亚的民族英雄，使他们像阿伽门农、阿喀琉斯和帕里斯一样永垂不朽。这部史诗由序言、致米特鲁·佩雷亚（彼得鲁·马约尔的化名）的信以及12首诗歌组成。史诗在历史层面叙述了15世纪弗拉德·德勒古莱亚（即弗拉德·采佩什[①]）大公与土耳其人

[①] 译者注：即现今文学、影视作品中吸血鬼德古拉的原型。

的战争；在喜剧性的社会领域层面，呈现了罗马尼亚大公征召茨冈人入伍的过程；在神话传说层面，描写了善良的力量（弗拉德·采佩什和罗马尼亚人）在天使的帮助下与被魔鬼蛊惑的力量（茨冈人）作战。因书中有众多虚构人物，这部作品包含了大量的脚注，以喜剧的方式故意对文本进行错误的解释。本书秉承着启蒙主义精神所作（共两个版本，分别于1875—1877年期间和1925年出版），旨在支持罗马尼亚人争取民族解放的斗争，直至今日仍因其现代性而备受好评。扬·布达伊-德莱亚努还撰写了长诗《三勇士》（未完稿），其中借鉴了塞万提斯著作《堂·吉诃德》中的某些叙事主题。

1750年，阿尔迪亚尔学派编印的第一部罗马尼亚语书籍在布拉日出版，这是一本书名为《真理之花》的小册子，目前仅存两本：一本藏于罗马尼亚国家图书馆，另一本藏于布达佩斯的国立塞切尼图书馆。这是一部布拉日的"虔诚的修士们"，更准确地说，是彼得鲁·帕维尔·阿隆主教领导下所有希腊—天主教修士的集体作品。这本书对1700年罗马尼亚人与罗马教会联合的四大教义要点（援引自1439年佛罗伦萨会议）进行了深刻阐释，也暗示了这一事件的合理性。从表达方式上来看，这本书在早期传播了泛罗马尼亚普世主义，是由那个时代最开明的思想家们所提出的。这也是罗马尼亚文化史上第一本附有大量参考书目的书，包含了支持所有论据的书名，并对其做了针对性的注释，作者以此来启发人们：深刻的写作需要一个批判性的工具。这部1750年的简单印刷品《真理之花》，由主教伊万·鲍勃于1813年重新修订出版。此书还出版了拉丁语版本，分别为《真理之花》（1753年）和《基督教教义》（1757年）。

通过翻译欧洲文学或撰写原创作品，阿尔迪亚尔学派的学者们广泛关注哲学和神学。萨穆伊尔·米库撰写了《祈祷书》《婚姻教规论》

《道德神学》等，还著有《战胜民众迷信的自然学说》《田野经济指导》《自然历史》《与自然历史相关的词汇》等，致力于普及科学知识。彼得鲁·马约尔撰写了《教会教规》《大司祭的权利与使命》《幼儿养育与夭折婴儿埋葬教程》《礼拜天与全年节庆教程》等。除了著书立说，阿尔迪亚尔学派代表们的实干行为同样十分重要，他们参照当时欧洲最先进的模式用罗马尼亚语编写了一些教材。

1812年彼得鲁·马约尔回应对罗马尼亚人历史的诋毁：

> 许多外国作家主导了令人困惑的闹剧，那就是他们用手中的笔抹黑罗马尼亚人——古罗马人的后代，他们不遗余力地激怒"野蛮人"，即罗马尼亚人和他们的大公，使人们仇视他们，使全世界勇敢的征服者们憎恨他们。他们无时无刻不在毫无根据的情况下编造一些事情，编造针对罗马尼亚人的赤裸裸的谎言，还认为所有人都有义务相信他们的鬼话。曾经有一段时间，就像驴子靠在别的驴子身上搔痒一样，人们把这些诋毁互相传来传去，却从不寻求真相到底如何，那些诋毁就这样刻在了人们心中。罗马尼亚人越是沉默，越是不回应这些不公正的诋毁，那些人就越起劲，越明目张胆地嘲笑罗马尼亚人。[①]

在18世纪，受西方、君士坦丁堡和塞尔维亚人的影响，东正教也开始了现代化进程。《圣经》于1688年在布加勒斯特出版，康斯坦丁·布伦科维亚努于1688—1714年期间在位，迷人的罗马尼亚巴洛克风格（布伦科维亚努风格）出现，这些都在特兰西瓦尼亚引起了极大的反响，布拉索夫什凯伊地区（神甫、大司祭拉杜·滕佩亚及迪米特里

---

① 彼得鲁·马约尔，《达契亚罗马尼亚人的起源史（1812年）》，雅西，1990年，第5—6页。

耶·欧斯塔迪耶维奇的时代）的思想运动只是其中之一。1678—1688年间在罗马尼亚公国、1707年在摩尔多瓦先后建立的大公学院代表着东正教重要文化中心的出现。启蒙主义精神的另一种表现形式是对印刷书籍的兴趣日渐高涨。1700—1800年，罗马尼亚公国共印刷了799本书籍，其中罗马尼亚语的有617本，希腊语的有182本，其余书籍则是拉丁语和斯拉夫语的。世俗书籍的比例稳步上升，宗教主题的书籍则相应减少。启蒙思想通过耶讷基泽·沃克雷斯库的作品和迪尼库·戈列斯库的旅行游记（《我的游记》）广泛传播。在罗马尼亚公国和摩尔多瓦，凯撒里耶·勒姆尼恰努和列昂·盖乌卡阅读了法国理性主义作家的作品，特别是丹尼斯·狄德罗的《百科全书》后，也培育了启蒙思想。

社会领域：农民或人民

学者们为民族解放付出的巨大努力并不为平民百姓所知，因为统治者与人民之间仍然隔着一条鸿沟。知识精英和平民也如同两个平行的平面。知识分子或学者们同情农民，为农民的处境哀叹，但他们认为要改变现状，只能通过理性的诉求，通过合法途径进行请愿，通过学校和文化"启蒙"。但在民众看来，他们屈服和被压迫的悲惨状况没有发生任何变化。农民对贵族和国家承担的义务日渐繁重。此外，在阿普塞尼山，矿工们接到了额外的任务，艰巨且无报酬，而村民们的牧场和森林以及砍伐森林权等也都被奥地利当局剥夺。主要的不满还是针对匈牙利贵族的，他们直接掌管着村庄的一切，攫取农民的劳动成果。农民中绝大多数是罗马尼亚人，而贵族几乎全部都是匈牙利人或被匈牙利化了的人。此时的农民依附于贵族，他们是农奴或属民，在贵族的土地上劳作，仅有一小部分在国有土地上劳作。根据贵族和特兰西瓦尼亚当局的意愿，农民根本没有解放的希望。因此，当维也纳皇帝在1784年颁布法令，规定阿尔迪亚尔一些地区的农奴进入边境军团服役后，可获得自由之身，并给予他们房屋和土地时，激起了轩然大波。大多数罗马尼亚农民为了摆脱农奴地位，甚至冒着在战场上丧生的危险，毅然前往阿尔巴尤利亚应征入伍。没有人想再在这片贵族的土地上劳作了。然而在贵族的要求下，征兵被终止了，并对不服从的人采取了严厉措施。

当时出现了一位有个性、有说服力的农民，所有人都听从他的号令，他还多次去维也纳面见皇帝，并向人们传播皇帝已下令减轻农奴负担的消息，但贵族们拒绝执行。这个农民名叫尼古拉·乌尔斯（外号霍雷亚），他得到了克里尚、克洛什卡和其他人的帮助。他们一起组织了起义：他们决定与各个村庄的几百名农民代表再次前往阿尔巴尤利亚参军并拿到武器。1784年11月1日，他们在途中遭到当局派来的士兵的袭击。从这一刻开始，这次运动便一发不可收拾，迅速从山区蔓延到几乎整个特兰西瓦尼亚。1784年11月11日，起义军袭击了贵族的藏身处——德瓦要塞，并向他们发出最后通牒（提出以下条件）：

- 贵族须在罗马尼亚（东正教）的十字架前起誓；
- 贵族不复存在，而是依靠皇帝提供的工作为生；
- 贵族不再拥有地产，且须像平民一样纳税；
- 贵族的土地要遵照皇帝的命令分给人民。

这是一则先进的社会纲领，符合当时平等和自由的思想，但它仍然只是一则农民纲领。当局十分惧怕，开始与起义军谈判并作出了相关承诺。然而这只是为了争取时间来组织镇压，以打败那些不服从的人。斗争重新开始且变得更加激烈。农民和军队，尤其是贵族针锋相对。在起义的熊熊烈火中，社会的号召变成了民族的号召，各地的农民都被称为罗马尼亚人，贵族则被称为匈牙利人。社会运动由此带上了民族色彩，因为它不再只是一场农民反对贵族的斗争，而且还是一场被压迫的罗马尼亚人反抗匈牙利统治者的斗争。作为社会和民族平等的象征，被起义军俘虏的贵族被迫穿上了罗马尼亚的服装，并接受了东正教洗礼，而贵族的女儿们则与罗马尼亚农民结婚。最终，在联合的手段下，起义被镇压了。霍雷亚、克洛什卡和克里尚被囚禁，并戴着镣铐在各村游街示众，除了克里尚终生在牢房里度过，其他两人都于1785年在阿尔巴尤利亚被处以轮刑，数千农民被迫到场观刑，然后他们的尸体被剁成碎片扔在了路旁。整个起义期间约有500名农民被杀害，贵族中也有大约150人丧生。

霍雷亚起义在欧洲和美洲都引起了强烈的反响。此时正是美国独立战争和法国大革命思想兴起的时代。当时开明的人士如法国人雅克-皮埃尔·布里索，声援了罗马尼亚农民。这些开明人士，以及媒体（报纸）也明白这场起义所体现的罗马尼亚特性。霍雷亚是当之无愧的烈士（为自由而牺牲自己的人），被誉为"达契亚之王"，正是他激起了罗马尼亚的民族观念。事实上，1784年的起义是农民解决民族问题的方法，农民们认为自己可以通过这种方式为罗马尼亚民族解放作出贡献。如果农民获得了自由，那么整个罗马尼亚民族也就获得了自由，因为农民占全民族人口的90%以上。1789年的法国也是同样的情况：在三级会议中，第三等级宣布组成国民大会，也是因为其代表全民族90%的人口。

维也纳宫廷并没有听从贵族的挑唆用中世纪的方法对农民进行蓄意报复，而是采取了一系列措施来减轻农民的负担，其中最重要的一项就是重新赋予土地劳作者人身自由，即自由迁移的权利（此项权利曾于1514年被剥夺）。但除此之外，农民，也就是罗马尼亚人的生活状况并没有得到改善。

历史学家大卫·普罗丹对霍雷亚的描述：

霍雷亚成为伟人，不是因为他凌驾于民众之上，而是与他们完美融为一体。霍雷亚的成长并不是凭借他的出众，而是不断的积累。这样，他才能够无可争议地扮演起义领袖的角色，成为起义军号召力的象征。他之所以能脱颖而出，靠的是其天赋、个人心理、对正义和非正义更深刻的感受、更炽热的激情、更强烈的行动勇气以及超出理性边缘的勇气。他以奉献精神和为所有人服务的牺牲精神而著称。在起义的浪潮中，他没有表现出任何被名利诱惑的迹象，他被捕时身无分文，还在等待各村筹措路费助其前往维也纳。他不仅是民众愤怒的化身，而且冒着生命危险将这种愤怒传播、激活、释放。霍雷亚是民众的心脏，而不是高高在上的头领。此外，他身上还有那种难以形容的塑造民族英雄所需的特质，有那种能让他积累普通人所不具备的美德的神秘感，这种神秘感能够赢得民众的信任，激发人们的想象力，并开启一段传奇，造就不朽的英雄。[1]

在罗马尼亚公国和摩尔多瓦，具备现代思想的人士和开明的贵族提交了一系列请愿书，旨在实现民族解放、国家独立、废除法纳利奥特体制等，但这并没有取得预期的重大成果。那些强大的敌对势力也没有采取必要的措施来满足贵族们在请愿书中表达的愿望，其中有宗主国土耳其、试图成为罗马尼亚人和奥斯曼帝国其他东正教徒的"保护力量"的俄国，此外还有奥地利。另一方面，由于沉重的赋税和每日在贵族土地上超额的劳作，平民百姓，尤其是农民的处境愈加艰难。虽然奥斯曼帝国已是强弩之末，但法纳利奥特大公及其随从们却仍在努力榨干这两个公国。1780年后，统治、重大财产和教会三个方面的"希腊化"更

---

[1] D.普罗丹，《霍雷亚起义》，第二卷，布加勒斯特，1979年，第707页。

为突出。罗马尼亚人在获取公共职位上处于最不利的地位,远远落后。奥地利和俄国的占领军以及战争与损失并没有使罗马尼亚人气馁,而是激励他们采取行动。他们中的许多人作为志愿兵加入了俄国军队,抱着完全解放自己国家的希望与奥斯曼帝国作战。但他们失望地发现,他们寄予厚望的、被视为"解放者"的基督教国家夺走了他们的部分土地并占为己有,就像奥地利在1775年占领了布科维纳,俄国在1812年占领了比萨拉比亚。

此后,在民族解放运动风起云涌的大背景下,当几个民族(塞尔维亚人、希腊人、意大利人)在为自由而战时,罗马尼亚人也采取了行动。他们的领袖是图多尔·弗拉迪米雷斯库,一个来自奥尔特尼亚的小贵族,曾在俄国军队中担任志愿兵和军官,还当过公务员和商人,也就是说,他是一个社会阅历丰富的人。图多尔与希腊秘密社团"友谊社"取得联系,该组织由居住在俄国的希腊人建立,目的是通过巴尔干地区各民族的联合斗争,解放他们的祖国和其他土耳其治下的巴尔干国家。显然,"友谊社"的终极目标是解放希腊,但需要俄国沙皇的支持。1821年1月,法纳利奥特大公亚历山德鲁·舒楚在布加勒斯特去世,图多尔和他的追随者立即在奥尔特尼亚采取行动,那里修筑了牢固的防御工事。他们在帕德什召开了"人民大会",后成为兼具议会和国家军队作用的领导机构。图多尔率军前往布加勒斯特,并于1821年3月抵达,随后接管了政权。1821年革命运动的纲领包含在几个文件中(特别是在《帕德什宣言》中),其中规定了人民反抗压迫的权利、民族主权的原则(即所有权利归人民)、放弃不义之财、废除外国统治、取消封建特权、依据功绩而不是财产担任职位、由罗马尼亚人而不是外国人(法纳利奥特人)任职、改革司法和行政、改革学校、组建国家军队、改革税制、取消国内海关、充分尊重公国自治。革命的力量主要是自由农民和农奴、士兵、小职员、小贵族以及市民,即大多数渴望自由的罗马尼亚人。在执政的4月和5月期间,革命者试图实施这一先进纲领。他们的斗争也影响到了摩尔多瓦和特兰西瓦尼亚。

然而,受几个因素的影响,罗马尼亚革命的进程中止了。这些因素包括:"友谊社"的希腊人试图将其他民族的斗争为己所用,希腊人没有能力越过多瑙河并进入巴尔干和希腊,也失去了只追求自身大国利益的俄国的支持,此外还有罗马尼亚革命运动领导层内部的一些分歧,多瑙河以北奥斯曼军队的介入等。图多尔在1821年5月26日至27日晚被希腊人杀死,他的军队也逐渐被土耳其人击败。大约在同一时间,"友谊社"的军队也被击败。尽管如此,1821年的革命并不是徒劳的,它使罗马尼亚的问题成为大国之间讨论的话题,促使他们寻求解决方案来满足罗马尼亚人的诉求。由于这场运动,从1822年开始,罗马尼亚公国和摩尔多瓦的法纳利奥特大公被罗马尼亚族大公所取代,这标志着民族团体(集团)的伟大胜利。1821年的革命纲领在当时只实现了很小的一部分,但在1848—1849年革命之际再次被实践并得以完成,这也是基于图多尔人民的革命经验。

1821年1月23日《帕德什宣言》:

祝布加勒斯特及罗马尼亚公国其他城市和村庄的所有人身体健康!

生活在罗马尼亚公国的兄弟们,无论你们属于哪个民族!

没有任何一部法律可以阻止人们去以暴制暴!当蛇出现在你面前时,你用棍棒打它,以保护你的性命,不让蛇口危及你!

但在毒龙将我们生吞活剥之前,我说的是我们的首领、教会和政客,他们从我们身上吸血,我们还要忍受多久?我们还要做他们的奴隶多久？

如果上帝不能容忍罪恶，那么惩恶的人就在上帝面前做了一件好事！上帝是善良的，我们必须行善才能像他一样！但这在消除罪恶之前是不会发生的。不经冬天，何来春天！

他们希望上帝创造光吗？那是在黑暗退尽之后创造的！

上帝的管家，我们强大的皇帝，希望我们这些信徒过上好日子。但不要把我们的首领置于我们头上的罪恶留给我们！

来吧，兄弟们，让我们一起用恶的方式消灭那些恶人，让我们向善！并从我们的首领中选择那些能够向善的。那些是我们自己的人，他们和我们一起将行善事，这对他们也有好处，正如他们向我们承诺的那样！①

---

① 《关于罗马尼亚历史的文献，1821年的起义》，安德烈·奥采泰亚主编，第一卷，布加勒斯特，1959年，第207页。

第三章
改革与革命——19 世纪上半叶

第一节　总体情况

1815—1820 年后，欧洲的大国们仍试图恢复旧体制，镇压那些被法国大革命和英属殖民地（后成为美利坚合众国）独立战争思想彻底唤醒的民族解放运动。法国大革命是革新思想的策源地，但并没有真正产生民主这个正义女神的化身，而是诞生了一位重要人物——拿破仑·波拿巴。法国大革命也成为一个导火索，使欧洲焕然一新，走向解放的道路。革新的风暴从欧洲向拉丁美洲和其他地区蔓延。一种极大的激情激发了人们的自由精神（希望自由的政治潮流）和浪漫精神（复兴民族精神和中世纪过去的文化潮流，旨在创造一个更美好的未来），目标是把旧民主的缔造者——希腊人从土耳其人的手中解放出来。这也使西方和俄国对巴尔干其他基督教民族以及对罗马尼亚人、匈牙利人和波兰人的兴趣大大增加。

1821—1822 年，在经历了一个世纪的法纳利奥特（那些为土耳其人服务的希腊人）统治之后，我们可以看到，罗马尼亚的大公重新领导起了罗马尼亚公国和摩尔多瓦。在此期间，因为土耳其占领了多布罗加以及多瑙河流域的几个港口城市（图尔努、久尔久、布勒伊拉），罗马尼亚公国的领土减少到原来面积的四分之三。而摩尔多瓦的领土面积只有原来的五分之二，这是因为其北部的布科维纳被奥地利人占领，而东部的比萨拉比亚被俄国人占领。特兰西瓦尼亚的情况众所周知，目前是奥地利治下的一个大公国。这一时期，罗马尼亚诸公国的人口数量约为600万—700万，人口密度最高的是特兰西瓦尼亚。在特兰西瓦尼亚的所有居民中，大约三分之二是罗马尼亚人（1844年人口普查结果显示）；在喀尔巴阡山以南和以东的地区，罗马尼亚人的占比要高得多。农民占罗马尼亚诸公国总人口的80%—90%。经济得到发展、新式工具和农业器械被引进，有一些甚至产自罗马尼亚诸公国。手工业和工业总体呈发展态势，这也促进了贸易、交通和货币流通。

俄国越来越渴望将自己的"保护"（实际上就是统治）强加给摩尔多瓦和罗马尼亚公国，通过1826年在阿克曼（白色城堡）和1829年在阿德里安堡签订的条约，俄国的愿望在很大程度上得以实现。"保护"一词是一种婉转的说法，实际上就是把对统治和占有的渴望隐藏于"保护"之中，美其名曰捍卫那些生活在苏丹宗主权下的基督徒的利益。换句话说，信奉东正教的俄国重新在巴尔干和东南欧以"东正教的捍卫者"自居。前文提到的《阿德里安堡条约》影响深远，签订于俄国军队1828年占领罗马尼亚公国和摩尔多瓦之后，此占领持续了6年之久。《阿德里安堡条约》中有一项关于这两个公国的特别条款，在很大程度上确保了国家政治纲领的实现，这也是罗马尼亚贵族所期望的。其中规定：重申并扩大公国的自治权；罗马尼亚大公选举实行终身制；贸易充分自由（完全废除奥斯曼帝国的垄断贸易）；将多瑙河左岸仍由土耳其人占据的领土及港口（图尔努、久尔久、布勒伊拉）归还给罗马尼亚公国；在俄国占领期间制定具备宪法作用的《组织条例》并强迫土耳其接受。这两个公国自此正式处于土耳其宗主权和俄国保护之下。罗马尼亚的知识分子和政治精英们开始越来越清楚地认识到，在1800年后继续快速现代化和融入欧洲进程是十分必要的。而同时期大约有4亿人口的中国,对试图打破中国古代文明传统价值观的欧洲人实行闭关锁国政策。

第二节 《组织条例》

《阿德里安堡条约》中规划了一系列必要的现代化变革,这些变革在公国内部是通过那些统称为《组织条例》的文件实现的。这些文件是在俄国占领期间(帕维尔·基谢列夫总督治下)由蒙特尼亚和摩尔多瓦贵族组成的两个委员会制定的,并于1831—1832年期间生效。因为两个公国的现实情况相同或相似,其制定的两项基本条例几乎完全相同,两个公国可以为制度和政治上的统一进行下一步的准备。《组织条例》首次正式规定实施国家权力分立或分离的原则:终身制的大公由特别国民大会选举产生,拥有行政权(领导权),由6位大臣组成的政府辅佐;国民大会(议会)掌管立法权(制定法律),而司法权(保证法律的实施)则由地方法院和上诉法院掌握。此外还有:设立检察院和律师团体;税收制度进行现代化改革;制定国家预算(收支平衡),取消国内海关;重建国家军队,进行学校改革,建立国家档案馆;立法对两个公国的制度和法律进行统一,这也拉开了即将实现政治联合的序幕。

《组织条例》中体现了两个公国制度统一的趋势:

第371条——两个公国的起源、宗教、习俗、共同的语言以及同样的需求,都为进一步统一创造了足够的条件,但因为一些偶然的情况,统一被阻碍和耽误至今。毋庸置疑的是,两个公国在统一后都将从中受益。本条例的开端即为两个公国奠定了共同的行政基础。

第372条——根据本条例第五章第159条之规定,两个公国的居民可开展全部的商业活动。在任何教区经商都可获得与当地人同样的公民权利。两个公国的居民还可在一个公国或另一个公国取得动产或不动产。

第374条——居住在这两个公国边界的村民,如果需要暂时穿过边界到邻近的土地中劳作,可以与这些土地的所有者和乡村法院的委托人谈判后获得许可,无须缴纳任何费用,地方当局也不得设置任何障碍。

第375条——根据第65条之规定,两个公国使用的货币应具有相同的汇率和价值。

第378条——除法律规定的情况之外,任何商人都可在利益的引导下自由前往国外,任何人不得阻拦。①

就罗马尼亚各公国的发展而言,《组织条例》具有矛盾性(即同时有好有坏):一方面,它明显有助于罗马尼亚社会的现代化,为统一做准备,而另一方面,它保留了旧的贵族特权制度以及俄国压迫性的"保护",在罗马尼亚全面进步的道路上制造了一些阻碍。依据此条例,米哈伊尔·斯图尔扎大公于1834—1849年间统治摩尔多瓦,亚历山德鲁·迪米特里耶·吉卡大公和格奥尔基·比贝斯库大公分别于1834—1842年和1842—1848年期间统治罗马尼亚公国。该条例虽然起到了宪法(国家基本法)的作用,但并不是一部真正意义上的宪法,因为它不是出自罗马尼亚人民代表之手,而是外国占领者的专属产物。

第三节 特兰西瓦尼亚和布科维纳的哈布斯堡专制制度

19世纪上半叶,克莱门斯·冯·梅特涅首相精心辅佐下的奥地利皇帝们对国家实行专制统治,换句话说就是根据他们的个人意愿统治国

---

① 《瓦拉几亚和摩尔多瓦的组织条例》,第一卷,布加勒斯特,1844年,第130页。

家。他们喜欢集权、德意志化、天主教化这样的口号，在秘密警察和审查制度的支持下，根据需要严格控制报纸、书籍、演讲等。甚至特兰西瓦尼亚也处于维也纳的直接统治下，直到1834年才召集议会，特兰西瓦尼亚内部保守的匈牙利大贵族继续处于统治地位。19世纪50年代，因为农民有关地产的一切权利被剥夺，议会面临的最严重的问题就是关于土地法的问题，另外还有国家官方语言的问题，当时仍然是中世纪遗留下来的拉丁语。1841—1843年间，需要一种口头语言取代作为官方语言的拉丁语。由于特兰西瓦尼亚复杂的民族结构和少数人对多数人的统治，这个早该解决的问题一直拖延到了今天。尽管当时大多数人讲罗马尼亚语，几乎所有的居民也熟悉罗马尼亚语，但因为议会中没有罗马尼亚人的代表，最终在与萨斯人（比说匈牙利语的人少）辩论后，选择了匈牙利语作为官方语言。罗马尼亚民族争取政治权利的斗争进入了新阶段。

萨斯族牧师斯特凡·路德维希·罗特关于罗马尼亚语作为特兰西瓦尼亚所有居民共同语言的评论：

克卢日议会的先生们希望看到一种办公语言的诞生，现在他们很高兴，因为这个"孩子"已经出生了。宣布某一种语言为我国的官方语言是没有必要的。因为我们已经有了一种本国的语言。它不是德语，也不是匈牙利语，而是罗马尼亚语。无论我们怎么纠缠，甚至不择手段，议会中的代表民族都不会发生任何改变。这就是现实……在讨论国家的通用语言时，我们认为除了罗马尼亚语以外，不可能是其他任何语言……这个现实是无可争议的。一旦两个不同国籍的公民见面并且都不懂对方的语言，那么罗马尼亚语就会充当翻译的工具。当你旅行或者去集市时，每个人都会罗马尼亚语。在测试某人是否懂德语或匈牙利语之前,对话便以罗马尼亚语开始。而跟罗马尼亚人交谈时,你不能讲其他语言,因为罗马尼亚人通常只用自己的语言说话。这也容易解释:你需要通过学校的课程来学习匈牙利语或者德语,而罗马尼亚语你只需要每日上街与人交谈就可以自行学会。罗马尼亚语中有大量的拉丁语单词,这些单词在这个混合民族与罗马移民融合之时就被采用,而我们特兰西瓦尼亚人因为一直以来都接受着拉丁精神的教育,对这些单词同样十分熟悉。而在日常生活中,我们每天都会和这个人数众多的民族接触。这些因素使罗马尼亚语比较容易学习……①

1775年奥地利对布科维纳的占领对摩尔多瓦来说是一个巨大的打击,摩尔多瓦不仅失去了切尔诺夫策地区、公国的古都苏恰瓦和斯特凡大公的墓地,还失去了其领土中最富饶、人口最多的那一部分,也是中世纪建立公国的地方。直到1849年,布科维纳被剥夺一切自治权,并入加利西亚省。这方便了当局对人口进行混合,一些斯拉夫民族被带到此地与罗马尼亚人混居,尤其是乌克兰人,此外还有德意志人和犹太人。布科维纳主教区为了不再与雅西的摩尔多瓦大主教区保持正常联系,便与特兰西瓦尼亚罗马尼亚人的东正教会一样,转而隶属于卡洛维茨的塞尔维亚大主教区,此时,布科维纳大约85%的居民是罗马尼亚人。到1848年,经过不到一个世纪的时间,通过外来民族(德意志人、波兰人、犹太人、匈牙利人、乌克兰人等)的移民,罗马尼亚人的占比不断下降,只占这个面积约1万平方公里省份总人口的55%,对罗马尼亚本地居民的不利政策(待遇比其他民族差)显而易见,这也激起了此地的民族解放运动。

---

① 戈尔内利娅·博代亚,《罗马尼亚人的1848年,一部基于史料和证据的历史》,第一卷,布加勒斯特,1982年,第197—199页。

第四节　俄国人统治下的比萨拉比亚

摩尔多瓦在1812年被俄国以"保护"名义占据的地区略大于今天的丹麦，也就是现在英国面积的五分之一左右。除了占总人口近90%的罗马尼亚人外，斯拉夫民族、犹太人、希腊人、亚美尼亚人和格格乌兹人①也居住在该地区。从1828年起，比萨拉比亚失去了所有自治的痕迹，而俄语成为行政、司法和所有国家机关唯一接受的语言。许多罗马尼亚人被迫丧失民族特征并失去了他们的民族身份，即他们作为罗马尼亚人的方式。教会还推动了一场轰轰烈烈的民族同化行动，宣称俄国人与罗马尼亚人拥有相同的东正教信仰。因此，俄国神甫进入了罗马尼亚教堂，而罗马尼亚语的宗教书籍和用罗马尼亚语进行的礼拜则被俄语的书籍和礼拜所取代。然而，被占领的地区与摩尔多瓦和1859年后与罗马尼亚的联系从未停止，一些领导者努力维持人民心中民族意识的鲜活。在最初几年外国统治的艰难条件下，摩尔多瓦被占领地区的罗马尼亚文化根基得到保留和加强，这归功于特兰西瓦尼亚人加夫里伊尔·伯努列斯库–博多尼大主教（1821年去世）。后来俄国当局不惜一切代价和一切手段试图消除比萨拉比亚罗马尼亚人的民族特征，将他们与其他摩尔多瓦人隔离开来。而此时民族解放斗争日益高涨，蒙特尼亚人和摩尔多瓦人的不断加强联系，为1848年革命和1859年统一做准备。

法国外交官安托万·弗朗索瓦·勒克莱尔关于1805年比萨拉比亚被沙皇俄国占领之前完整的摩尔多瓦的描述：

---

① 译者注：又作加告兹人，即信仰基督教的土耳其血统人。

摩尔多瓦和罗马尼亚公国一样,是一个附属于奥斯曼帝国的基督教省份。其北部和东部以德涅斯特河、布吉亚克①和部分普鲁特河为界,南部以多瑙河为界与罗马尼亚公国接壤,西部与特兰西瓦尼亚分隔,分界线起于切列莫什河的源头,经过苏恰瓦河、摩尔多瓦河、比斯特里察河、特罗图什河的源头附近,最后到米尔科夫河。在这一地区,摩尔多瓦与布科维纳和加利西亚接壤。主要河流有德涅斯特河、普鲁特河、锡雷特河、比斯特里察河等。②

第五节　土耳其人统治下的多布罗加

自15世纪起,罗马尼亚公国临近黑海的部分与保加利亚、塞尔维亚和阿尔巴尼亚一样,处于土耳其的直接占领下。因为这种体制,罗马尼亚人与土耳其一鞑靼人和保加利亚人混居,数量上也不占多数。在18世纪和19世纪,靠着从其他罗马尼亚省份迁来的人群,特别是从特兰西瓦尼亚牧着羊群而来的牧民(摩干人③),罗马尼亚民族特性得以保留。罗马尼亚公国的一部分对外交流通过多布罗加进行,尤其是1774年以后(俄国人与土耳其人缔结《库楚克开纳吉和约》),土耳其对罗马尼亚贸易的垄断首次被打破。1829年收复多瑙河港口后,罗马尼亚人的一个重要目标就是从土耳其人手中夺回多布罗加。

---

① 译者注:南比萨拉比亚。
② 安托万·弗朗索瓦·勒克莱尔,《土耳其的欧洲行省——比萨拉比亚、瓦拉几亚和摩尔多瓦地形与统计研究报告》,伊昂-奥莱尔·波普和索林·希波什版,克卢日-纳波卡,2004年,第35页。
③ 译者注:山区人,尤指特兰西瓦尼亚的山区居民或牧民。

第六节　1848—1849年的罗马尼亚革命

正如整个19世纪被认为是"民族的世纪",1848年则被称为"民族的春天",因为从法国、意大利到波兰和罗马尼亚诸公国,革命力量站起来反对旧体制、反对封建残余的保守精神、反对外国专制制度的压迫,争取民主和宪法等。1848年2月,法国人在巴黎发出战斗信号,为全体欧洲人民的奋起反抗树立了榜样,也提供了机会。在西方,民族和个人解放的斗争较早开始,革命的重点是实现普通人的民主目标,而在中东欧和东南欧,革命主要是为了解放外国统治下的民众,实现国家统一和自由以及民族之间的平等。

罗马尼亚人生活在两个不同的自治公国以及被奥地利人、俄国人和土耳其人占领的多个省份中,他们实际上不可能在1848年组织一场罗马尼亚的革命,就像德国人和意大利人(同样四分五裂)也都无法做到这一点。然而,罗马尼亚人的伟大理想和目标是相同的,即获得民主权利和自由、废除封建习俗、实现国家独立和自治、消除外国统治、颁布新宪法、解放农民并分配土地、实现民族解放以及罗马尼亚诸公国的统一。

1848年3月,革命在摩尔多瓦爆发。人们在雅西举行集会,制定了十分温和的革命纲领,目的是不让普鲁特河附近待命的俄国军队找借口进行干预。摩尔多瓦革命的领导人有瓦西里·亚历山德里、米哈伊尔·科格尔尼恰努、阿列库·鲁索、亚历山德鲁·伊万·库扎等人。他们的行动被大公暂时阻止了,其中许多人被迫逃往特兰西瓦尼亚。他们参加了布拉日罗马尼亚大集会,并在此影响下于1848年5月在布拉索夫制定了一份更为激进的新纲领。在这份纲领中,他们要求把土地分给农民,统一罗马尼亚公国和摩尔多瓦。后来,以米哈伊尔·科格尔尼恰努为首的来自特兰西瓦尼亚的摩尔多瓦革命者和其他人士(总共近50人),逃难到了布科维纳,这里的罗马尼亚人正在欧多克休·胡尔穆扎基的领导下开展革命。他们在此地制定了一个新的纲领,其中包含着革命要求,并有可能从根本上改变罗马尼亚人的命运,实现各公国的统一和农民的解放。

1848年8月,由米哈伊尔·科格尔尼恰努在切尔诺夫策制定的革命纲领《摩尔多瓦民族团体的愿望》:

1. 公国内部行政和立法独立,不受任何外国势力的干涉。

2. 公民权利和政治权利的平等。

3. 所有社会阶层的代表组成国民大会。

4. 根据惯例从所有社会阶层中选举大公。

5. 王室年俸根据国家收入和财力按比例确定。

6. 大臣和所有公职人员的职责根据其担任的职务确定。

7. 印刷自由

……

11. 向国民大会的动议权和请愿权

……

13. 保障个人自由和定居自由。

14. 为所有罗马尼亚人提供平等和免费的教育

……

17. 废除死刑和刑罚

……

20. 法院改革以及法官终身制。

21. 大公不干涉也不决定司法部门执行判决

……

23. 宗教信仰自由。

24. 提升东正教神职人员的道德素养和社会地位

……

27. 逐步解放摩尔多瓦的犹太人

……

废除劳役，并让所有农民成为土地的所有者，对土地本来的主人给予公平的补偿。补偿和补偿的方式将由首届国民大会（根据上述第三项改革措施，用新方式选出）决定。一个国家的力量和幸福程度在于人民的力量和幸福程度，也就是民族的力量和幸福程度。然而，只有3000人享有权利和财富，也只有他们才是真正的公民，这样的群体是配不上"民族"这个名字的。摩尔多瓦也没有更多其他公民了，这享有特权的3000人和其他的150多万人共同构成了国家的全部人口，而这150多万人只能算是居民，他们被剥夺了所有权利、所有良好的物质和精神条件，留给他们的只有沉重的赋税和困苦的国家。农村居民尤其处于悲惨的状态之中，他们只是政府、土地所有者和土地占有者手中的劳动工具，实际上仍然依附在他们已经为他人劳作了数百年的土地上，从而退回了农奴制……

除了这些能让我们祖国重生的基础性机构，民族团体后来又提出了一项目标，此项目标既是所有人的荣耀，也是国家的基石，国家的大厦如果少了它就会倒塌，这个目标就是：在以上各点的基础上，实现摩尔多瓦与罗马尼亚公国的统一，两个公国联合组成的国民制宪大会可对上述措施进行修改。这是一次几个世纪以来全体罗马尼亚人和这两个公国共同期盼的统一，一次在往昔精神感召下的统一，他们手握军队，想要完成斯特凡大公以及勇敢的米哈伊（后来被冠以"上帝恩典下罗马尼亚公国、摩尔多瓦和阿尔迪亚尔的大公"的称号）未竟的事业……"①

　　罗马尼亚公国的革命者组织得更好，他们成功掌管了国家权力。革命者的核心是一群来自巴黎的年轻人，他们于1845年在法国首都创建了一个罗马尼亚学生革命协会。他们一致同意蒙特尼亚人和摩尔多瓦人共同在两个公国开始革命。但是事情发展的速度太快，他们所期望的目标已不可能实现。新的计划是，革命至少在喀尔巴阡山以南的四个地方同时开始，而这同样遭到了当局的阻挠。因此，革命于1848年6月9日仅在伊斯拉兹开始。这里成立了首个革命政府，由扬·海利亚德–勒杜列斯库、斯特凡·戈列斯库、克里斯蒂安·泰尔等人组成，并向人民发表了一项宣言，这实际上就是革命纲领。革命者开始向布加勒斯特进发，在人民的压力下，时任大公被迫退位，权力由革命政府接管，尼古拉·伯尔切斯库、格奥尔基·马盖鲁，A. C. 戈列斯库，C. A. 罗塞蒂此时也进入了革命政府。尽管新政府缺乏经验并且犯了一些错误，但仍然开始实施革命纲领，主要包括：将印着"正义 友爱"口号的三色旗（红、黄、蓝）作为国家的国旗；取消贵族等级；废除死刑和刑罚；废除审查制度；释放政治犯；组建军队；开始解决土地问题；制定新宪法；采取措施使欧洲强国承认新政权；"向摩尔多瓦的兄弟们"呼吁统一等。然而在1848年9月，土耳其和俄国军队入侵罗马尼亚公国，虽然遭到顽强抵抗，但最终仍然镇压了革命。

　　《伊斯拉兹宣言》（1848年6月9日），罗马尼亚公国的革命纲领（节选）：

---

① 戈尔内利娅·博代亚，《罗马尼亚人的1848年，一部基于史料和证据的历史》，第一卷，布加勒斯特，1982年，第197—199页。

罗马尼亚兄弟们，

我们得救的时候到了；罗马尼亚人民已经在救赎天使的号角中觉醒，他们知道自己有当主人的权利。平安归于你，因为自由在呼唤你们！简而言之，罗马尼亚人民宣布：

1. 根据米尔恰和弗拉德五世签订的条约，行政和立法具有独立性，任何外部势力都不得干涉其中。

2. 政治权利平等。

3. 全民纳税。

4. 全体大会由社会各阶层代表组成。

5. 每五年从社会各阶层中选举大公。

6. 削减王室年俸，铲除任何形式的腐败。

7. 大臣和所有公职人员的职责根据其担任的职务确定。

8. 绝对的印刷自由。

9. 任何形式的嘉奖都由国家派代表授予，而不是由大公授予。

10. 每个县都有选举自己官员的权利，该权利源自全体人民选举大公的权利。

11. 成立国民警卫队。

12. 解放用于礼拜的修道院。

13. 解放农奴，通过补偿使其成为土地所有者。

14. 通过补偿解放茨冈人。

15. 从罗马尼亚人中选出国家代表派驻君士坦丁堡。

16. 不论性别为所有罗马尼亚人提供平等和完整的教育。

17. 取消没有实际职能的官秩。

18. 废除有辱人格的刑罚。

19. 不仅在口头上,也在实际中废除死刑。[1]

罗马尼亚公国最具代表性的革命人物是尼古拉·伯尔切斯库(1819—1852年),他既是知识分子也是政治领袖。受浪漫主义和民主精神的鼓舞,他为了革命理想如火焰般燃烧着,最终离开祖国,流亡于巴勒莫。他与其他欧洲先进分子一道,期盼着一场能够导致专制帝国崩溃和人民解放的新的全面革命。作为历史学家,他的作品《勇敢的米哈伊大公领导下的罗马尼亚人》兼具历史编纂学和文学价值,被誉为国家政治统一的真正宣言。

最复杂的革命斗争发生在特兰西瓦尼亚。这里的大多数罗马尼亚人,还有匈牙利人、萨斯人、塞库伊人都挺身而出,为进步而战。从整体上看,萨斯人和塞库伊人为了给本民族争取特定的权利,采取了更为温和的地方性行动,特兰西瓦尼亚的匈牙利人与匈牙利本土的人民群众保持着联系,罗马尼亚人也在为本民族特定的理想而斗争。起初,当1848年春天发生第一波骚乱、集会、演讲时,罗马尼亚青年人、匈牙利人、塞库伊人和萨斯人共同行动,他们有着共同的目标,就是推翻哈布斯堡专制制度、摆脱奥地利的占领、清除封建残余并获得民主权利和自由。自然,被哈布斯堡王朝压迫的民族想要建立民族国家、解放自己并生活在一个由自由平等国家组成的欧洲中。而分歧也从这里产生了。1848年3月15日是一个关键时刻,匈牙利革命者在佩斯发布了他们的纲领,其中规定:参照中世纪的疆域建立一个独立的大匈牙利,包括斯洛伐克、克罗地亚、特兰西瓦尼亚、巴纳特、克里沙纳、马拉穆列什、伏伊伏丁那等。这样就会形成一个广袤的大国,在这个国家中,作为统

---

[1] 戈尔内利娅·博代亚,《罗马尼亚人的1848年,一部基于史料和证据的历史》,第一卷,布加勒斯特,1982年,第533—534页。

治者的匈牙利人成了少数，在数量上被罗马尼亚人、克罗地亚人、斯洛伐克人、塞尔维亚人、路淀人等远远超过。此外，这些民族都不愿意用奥地利人的统治换来匈牙利人的统治，因为这种改变将使他们的整个斗争变得毫无意义。1848年3月15日在佩斯发布的匈牙利革命纲领中还有一项比较特殊，那就是规定特兰西瓦尼亚和匈牙利的"统一"。当然，占公国三分之二人口的特兰西瓦尼亚罗马尼亚人抗议在没有征询他们意见的情况下作出这样的决定。他们的领导人西米翁·伯尔努丘、格奥尔基·巴里丘、阿夫拉姆·扬库、安德烈·沙古纳、伊万·莱梅尼、奥古斯特·特雷博纽·劳里安、亚历山德鲁·帕皮乌·伊拉里安、阿隆·普姆努尔、蒂莫泰伊·奇帕留等人，于1848年5月15—17日（儒略历①5月3—5日）在布拉日组织了一场约有4万人参加的大型国民会议。此次会议由两位罗马尼亚主教安德烈·沙古纳（东正教）和伊万·莱梅尼（希腊—天主教）以罗马尼亚民族的名义主持。来自摩尔多瓦和罗马尼亚公国的罗马尼亚革命者也参加了集会。在这里，罗马尼亚民族进行了宣誓并提出了"民族请愿书"，即罗马尼亚人的革命纲领：特兰西瓦尼亚罗马尼亚人的民族独立；废除农奴制且不向农民索取补偿；组建罗马尼亚国民警卫队；民主自由；各级教育罗马尼亚式；制定一部基于自由、平等和友爱原则的宪法。1848年的布拉日与1791—1792年《罗马尼亚人的请愿书》发表时不同，此时的知识分子和平民百姓携手并进，统一行动。

1848年5月罗马尼亚民族在布拉日自由广场上宣誓：

我，某某某，以圣父、圣子和永生上帝的圣灵的名义发誓，我将

---

① 译者注：一种历法，自公元前45年1月1日起执行，是现今公历的前身。

永远忠于奥地利皇帝,忠于阿尔迪亚尔大公斐迪南一世,忠于庄严的奥地利王室,忠于陛下和祖国的朋友们,我将和敌人的敌人成为朋友,作为罗马尼亚人,我将始终在正确和合法的道路上支持我们的罗马尼亚民族,我将竭尽全力捍卫它免受任何侵犯和压迫;我绝不会做违背罗马尼亚民族权利和利益的事,我会遵守并捍卫法律和我们的罗马尼亚语以及自由、平等和友爱;根据这些原则,我将尊重所有阿尔迪亚尔的民族,并希望从他们那里得到同等的尊重;我不会试图压迫任何人,也不会忍受任何人压迫我们;我将竭尽所能同他人一起废除奴隶制,解放工业和贸易,维护正义,增进全人类、罗马尼亚民族和我们祖国的福祉。

愿上帝保佑我,并拯救我的灵魂。阿门![1]

罗马尼亚民族"严正抗议",反对将特兰西瓦尼亚强行并入匈牙利,并宣布自己是"独立民族"。一些人认为,联合所有罗马尼亚人还为时过早。集会的参与者庄严宣誓,他们将尊重"所有阿尔迪亚尔的民族,并希望从他们那里得到同等的尊重""我们不会试图压迫任何人,也不会忍受任何人压迫我们"。人们选出了一个被称为"民族委员会"的革命政府,由东正教主教安德烈·沙古纳和西米翁·伯尔努丘领导,政府所在地为锡比乌。该委员会组建了两个代表团,一个前往维也纳,另一个前往克卢日,分别于皇帝和议会面前主张此前在布拉日"自由广场"提出的要求。

克卢日的贵族议会(根据中世纪的旧制,由三个被承认"民族"的代表组成)无视了罗马尼亚人的要求,并应1848年3月匈牙利革命的要求,废除了特兰西瓦尼亚的自治权,决定将该公国并入匈牙利。与此

---

[1] 戈尔内利娅·博代亚,《罗马尼亚人的1848年,一部基于史料和证据的历史》,第一卷,布加勒斯特,1982年,第484页。

同时，克卢日非代表制议会还采取了一项与匈牙利革命纲领背道而驰的措施，那就是拒绝废除与罗马尼亚人直接相关的农奴制（因为大多数罗马尼亚人是农奴）。在这种情况下，罗马尼亚革命与匈牙利保守贵族发生了直接冲突，实际上也与匈牙利革命发生了冲突，其拒绝接受罗马尼亚人拥有民族和社会自由的权利。同样的情况也发生在帝国其他被压迫民族的身上，例如斯洛伐克人、克罗地亚人或塞尔维亚人，他们也是根据过时的中世纪传统被强行并入了匈牙利。所有这些民族，包括罗马尼亚人，被迫到别处寻求支持，并最终找到了哈布斯堡王朝。哈布斯堡王朝承诺将作为一个平衡因素，承认这些民族的权利，承认各省和公国的自治，尽管这在很大程度上是出于自身统治利益的考量。换句话说，特兰西瓦尼亚的罗马尼亚人，面对着像中世纪一样没有任何民族自由地被并入匈牙利的计划，他们选择了武装抵抗的道路。他们指责匈牙利领导人不接受和不尊重其他民族的自由愿望，声称如果匈牙利人有解放的权利，那么罗马尼亚人也有这个权利。在民族问题上，匈牙利领导人采取了贵族民族主义的观点，美化了匈牙利民族在"喀尔巴阡盆地"的"优越性"，赞扬了这个民族对罗马尼亚人、塞尔维亚人、克罗地亚人、路淀人等所做的好事。他们慷慨地将这些"落后民族"接纳进了多民族的匈牙利国家中，匈牙利人尽管只占少数，但会占据统治地位。匈牙利保守集团表示"这是匈牙利在喀尔巴阡盆地传播文明的使命"，表达了非常明显的民族主义，冒犯了所有共居于此的人民，并以蔑视和仇恨对待他们。因此，罗马尼亚革命者和其他被压迫民族的革命者重回哈布斯堡王朝的怀抱，绝不代表着对自由理想的背叛，相反，这是一种为了使他们的民族免予被匈牙利强行合并的绝望尝试。

1848年夏秋两季，罗马尼亚人和匈牙利人爆发冲突，许多罗马尼亚人被匈牙利当局囚禁甚至杀害。于是罗马尼亚革命领导层于1848年9

月在布拉日组织了一个新的集会，约有6万名武装人员前来参加。他们再次拒绝公国与匈牙利的非法合并，并要求按照人数比例由罗马尼亚人、匈牙利人和萨斯人组成议会。锡比乌的一场萨斯人大会采纳了布拉日的这项决议，并由萨斯人领袖斯特凡·路德维希·罗特将其推广。在贵族拒绝合作并对罗马尼亚人使用武装暴力之后，罗马尼亚民族委员会决定成立特兰西瓦尼亚的罗马尼亚军事组织，以保卫本民族的存在。罗马尼亚人已不再信任哈布斯堡王朝，而只信任他们自己，信任本民族的力量。

他们组建了罗马尼亚人的军事力量，即自己民族的军队。军队由15个军团组成，参照古罗马军队的模式分成大队，由县长和军团指挥官领导。这支军队的首领是24岁的律师阿夫拉姆·扬库，他成了民族英雄，绰号"山之王"。阿普塞尼山是阿夫拉姆·扬库的大本营，这里成了罗马尼亚抵抗运动的中心。与此同时，维也纳宫廷开始了镇压匈牙利革命的行动，而匈牙利革命与罗马尼亚革命和该地区所有被压迫民族的革命相冲突。匈牙利革命和罗马尼亚革命之间的和解（由尼古拉·伯尔切斯库调停）只有到1849年夏天才有可能实现，那时匈牙利领导人承认了罗马尼亚民族的一系列权利，并因此达成了罗马尼亚人与匈牙利人的和平方案。但为时已晚，因为奥地利军队和沙皇军队以武力进行了干预，用他们的军队阻止了一切革命运动。

罗马尼亚诸公国的革命因其内部的软弱而失败，但主要原因还是其他帝国军队的干预，也就是土耳其、俄国和奥地利。在特兰西瓦尼亚，罗马尼亚人的革命情况要复杂得多，而要理解它，我们必须至少考虑到三件事：1. 特兰西瓦尼亚的罗马尼亚革命是1848—1849年期间所有三个公国中罗马尼亚人运动的一部分，并表达了整个民族的许多共同理想；2. 它与匈牙利革命发生冲突的原因有很多，但主要是因为匈牙利领导人试图恢复以前多民族的大匈牙利,拥有一个占统治地位的民族和其他被压迫的少数民族;3.奥地利帝国的罗马尼亚人,和这个国家东部的其他民族一样,害怕一个统治者被另一个统治者所取代,所以他们倒向了哈布斯堡王朝,而哈布斯堡王朝知道如何从匈牙利革命的错误和罗马尼亚人对这一运动的不信任中获利。最终,许多罗马尼亚人和匈牙利人明白了奥地利王室的狡猾游戏,即通过分裂各民族实行统治(口号是"分而治之"),但为时已晚。哈布斯堡王朝是旧事物、封建秩序和专制统治的象征,一些历史学家认为,只有那些与哈布斯堡王朝作斗争的人才是真正的革命者,视曾经与奥地利人结盟的人为"反革命分子"。这种看待事物的方式过分简单化,是错误的,因为所有的运动既包含先进的民主潮流,也包含一些保守主义者和旧事物的捍卫者。特兰西瓦尼亚的罗马尼亚人不能接受特兰西瓦尼亚并入匈牙利,这一举措除了加深他们先前存在的民族压迫之外,什么也不能实现。众所周知,在1848年之前,特兰西瓦尼亚的罗马尼亚人生活在三个政治民族(匈牙利人、萨斯人和塞库伊人)和四种官方"宗教"(加尔文教、天主教、路德教和一位论教)的统治下,尽管维也纳的皇权试图保持一种平衡,但匈牙利贵族的权力已明显占据主导地位。总之,特兰西瓦尼亚并入匈牙利甚至会完全打破这种脆弱的平衡,会完全奴役罗马尼亚人,剥夺他们任何自由的希望。特兰西瓦尼亚的罗马尼亚人不想摆脱奥地利统治者后又任由匈牙利统治者摆布,他们像所有民族一样,渴望自己的民族获得自由。需要强调的是,除了民族间的不合之外,欧洲这一地区的所有运动都在其纲领中阐明了类似的诉求,表达了自由、平等、正义和友爱的高尚理念。1848—1849年的革命实际上被扼杀了,具体地说是通过武力扼杀的,但其宣扬且在日后付诸实践的理念获得了胜利。革命提出了民主和进步的纲领,尽管在1848—1849年间小范围实施,但到1918年成为罗马尼亚的现代化纲领。革命者于1848年拟定的所有战略目标都在19世纪下半叶和20世纪初体现出来,特别是国家统一、社会自由和国家完全独立等。因此,1848—1849年的罗马尼亚革命具有重要意义,其无法骤然改变那个时代,但从进步和民主的意义上说,革命确实改变了罗马尼亚人和罗马尼亚的未来。

第四章
国家统一或现代罗马尼亚的建立

1848年以后,从17世纪特别是18世纪开始形成现代民族的罗马尼亚人表明了自己的根本目标是实现国家政治统一。每个民族都应该拥有自己的统一国家,这也是那时先进思想运动所要求的。从整体而言,统一的国家被视为民族维持、组织和发展的框架,也是组成这个民族的每位个体的归宿。多民族的帝国和王国已显露出了疲态,它们已不能再靠其过时的中世纪法令、专制制度和新专制制度、折中的解决方案来维持统治,被压迫民族对这些都极度不满。民族被分为"有历史的"和"无历史的"、"上等的"和"下等的"、"肩负统治的历史使命的"和"生来就得臣服的",这样的时代已然过去。

1848年前后,罗马尼亚人联合建立一个民族国家的愿望已经充分彰显出来。这个愿望存在于许多开明人士的心中,并由受过教育且活跃的知识精英以及那些对罗马尼亚人的统一性非常了解的博学而善良的人进行了强烈而有意识的发扬。他们向人民解释了罗马尼亚的语言、起源、信仰、传统和习俗的统一性应该自然地产生一个统一国家,产生任何人都有权享有的政治保护。大多数罗马尼亚人内心对统一的渴望在某种程度上符合特定的国际环境,罗马尼亚人必须利用这些环境来获得大国的支持。他们知道,如果没有一些大国的支持,其内部对统一的努力是不可能成功的。在那个时候,人民认为有好处的事情如果不符合强者的利益,那就不能去做。罗马尼亚人的领导者也知道,统一不可能一蹴而就,必须依次、分阶段地进行,就像意大利人、德国人和其他一些民族已经开始进行的那样。很明显,在统一那些实际上被外国人占领的省份(特兰西瓦尼亚、布科维纳、比萨拉比亚)之前,必须在罗马尼亚公国和摩尔多瓦这两个几乎独立的公国中形成一个民族国家的核心,拥有政治阶层和罗马尼亚的机构。罗马尼亚人联合建立一个民族国家包括以下几个阶段:

(1) 1848—1859—1866年:摩尔多瓦和罗马尼亚公国统一为一个国家,正式命名为罗马尼亚,就此被各大国承认,并根据西方民主原则进行改革;

(2) 1877—1878—1881年:通过议会宣布完全独立,进行罗马尼亚独立战争,国际上正式承认国家的独立;多布罗加与罗马尼亚统一,将国家升格为王国;

(3) 1916—1918—1920年:罗马尼亚参加第一次世界大战;比萨拉比亚、布科维纳、特兰西瓦尼亚、巴纳特、克里沙纳、马拉穆列什与罗马尼亚统一;罗马尼亚人统一的民族国家得到国际承认。

对许多民族来说,19世纪中叶及其后的几十年意味着形成或巩固其政治统一的时代。德国人、意大利人、罗马尼亚人都是这种情况,还有经历了南北战争(1861—1865年)的美国人,他们得以摆脱分裂(北方与南方的分裂),增强了自己国家的实力。与此同时,中国正面临着深刻的危机(1851—1864年),主要表现为太平天国运动以及1856年至1860年的第二次鸦片战争,英法军队在此期间洗劫了北京。

第一节 1859年的统——大统一的基础

1859年罗马尼亚公国和摩尔多瓦的统一有时被完全不恰当地称为

"小统一"①，这次统一意味着罗马尼亚人居住领土的三分之一被置于同一个政治和行政核心之中，剩余三分之二将在后来加入罗马尼亚，尤其是在1918年。而从其后果来看，1859年的统一行为是罗马尼亚意志的一次伟大行动，是一次非凡的成就，为即将到来的事情定下了基调。这两个公国的居民知道，甚至是一些中世纪的居民也知道，他们是同一个民族，有着共同的起源、语言、宗教、传统和文化，他们只是被政治边界分隔开来，而这种边界并不是他们设定的。他们还知道，特兰西瓦尼亚的罗马尼亚人也是本民族的一部分，只不过他们被少数人统治，无法参与自己公国的领导。对于特兰西瓦尼亚的罗马尼亚人来说，必须首先消除严重的歧视，也就是实现与本公国其他民族的平等。因此，罗马尼亚人的领导者决定首先统一处于喀尔巴阡山圆弧之外②的两个公国，那里的罗马尼亚人已占据了统治地位。在其内部也不用做太多的努力，因为统一的意愿是明确的，并且通过"民族团体"清楚地表达出来。只有一群有权势的人害怕统一，因为统一带来的组织和民主变革会危及他们的领导地位、财富、特权以及安逸的处境。这是完全正确的，因为统一将带来民主改革。当然，也有一些人不满，一些人的傲气被挫伤，但这并没有形成真正的舆论倾向。众所周知，统一以后其中一个公国的首都将成为一个"省"，这也许会使其失去光彩，而国家的中央机构也将只集中在一个地方等等。更困难的是使那些大国相信统一的必要性。这项任务首先由1848年的革命者开展，他们被重新掌权的旧政权流放到

---

① 说"蒙特尼亚和摩尔多瓦的统一"同样是错误的，因为这个说法把奥尔泰尼亚排除在外了，其当时也在统一的范围内。而"摩尔多瓦与罗马尼亚公国的统一"听起来也不好，因为统一的是两个平等的罗马尼亚公国，而不是一个公国融入另一个公国。
② 译者注：喀尔巴阡山整体呈弧形向东延伸，大体上是特兰西瓦尼亚与另外两个公国的分界线，弧内为特兰西瓦尼亚，弧外为罗马尼亚公国和摩尔多瓦。

西方,尤其是布加勒斯特的旧政权。被流放的革命者在意大利各公国、英国、普鲁士,尤其是在法国的巴黎,组成了真正的罗马尼亚游说团(支持团体)。尼古拉·伯尔切斯库、C. A. 罗塞蒂、迪米特里耶·布勒蒂亚努及其他一些人都是欧洲民主委员会的成员,他们与朱塞佩·马志尼等杰出的民主人士一道,为所有欧洲国家更好的命运而思索。罗马尼亚领导人明白欧洲不可能发生新的全面革命,他们也意识到每个国家的恰当目标仍然可以逐步实现。罗马尼亚在外部的行动集中于巴黎,原因有以下几个方面:大多数年轻的罗马尼亚人曾在或正在法国学习;现代罗马尼亚文化是在法国文化的影响下发展起来的;法国人和罗马尼亚人一样,也是新拉丁民族,而法国是一个大国,在欧洲事务中有重要的发言权;在法国存在着一种对罗马尼亚事业有利的舆论倾向;拿破仑三世皇帝和他的幕僚都有兴趣支持罗马尼亚人,主要是因为他们在多瑙河下游拥有经济和政治利益。

因此,以法国为中心的罗马尼亚宣传活动几乎覆盖了整个欧洲。在欧洲大国帮助土耳其击败俄国,克里米亚战争(1853—1856年)结束时,法国在巴黎举行的和平谈判期间要求由外国亲王领导统一的罗马尼亚各公国。这件事情具有重要的意义,因为罗马尼亚问题自此成为一个国际问题。宗主国土耳其以及统治着许多罗马尼亚人占多数省份的奥地利对此表示强烈反对,而英国没有表态。一些利益相关方则表示,"摩尔多瓦人和瓦拉几亚人"不希望统一。于是根据1856年的和平条约决定,由两个公国的居民进行磋商,将摩尔多瓦和罗马尼亚公国(由土耳其和俄国控制)置于七个大国(法国、英国、未来意大利的核心——撒丁王国、未来德国的核心——普鲁士、奥地利、俄国、土耳其)的"集体保障"下,并向摩尔多瓦归还南比萨拉比亚(于1812年连同整个省被强占)的三个地区(卡胡尔、伊兹梅尔、博尔赫拉德)。

这让俄国暂时不再是相邻帝国不能忽视的多瑙河流域大国，其只能被迫接受当前的局面。但在不久后，俄国就进行了报复，入侵罗马尼亚并夺回了南比萨拉比亚。

之后两个公国的居民分别通过代表摩尔多瓦和罗马尼亚公国所有社会阶层的两场民选大会进行了磋商。尽管奥地利和土耳其试图伪造选举结果，但最终这两场会议（被称为特别会议，表明只是为了特定目的而召开）在1857年投票通过了几乎相同的决议，表达了罗马尼亚人最普遍的"愿望"：

- 两个公国统一为一个国家，定名为罗马尼亚；
- 来自欧洲统治王朝世袭的外国亲王，其后代须在本国的宗教（东正教）中培养；
- 根据此前罗马尼亚与奥斯曼帝国的条约，尊重新国家的权利和自治权；
- 两个公国的领土处于中立；
- 设立一个国民大会，拥有立法权并代表国家所有利益。

在作出这些决定的过程中，受压迫的农民（农奴）首次发挥了作用，其中就有传奇的扬·罗阿特老人。

1858年，上述七个大国再次齐聚巴黎，在一次会议上讨论了罗马尼亚人通过特别会议所表达的统一愿望，但这个愿望由于大国彼此之间的竞争和利益冲突而没有实现。但是，各大国通过了一项名为《巴黎公约》的文件，其中包含了以下决定：两个公国共同组成一个联盟，命名为"摩尔多瓦和罗马尼亚公国联合公国"，并由七个大国共同保障其自治权，土耳其的宗主权只在形式上存在；两个公国各自有一位大公（罗马尼亚人，非外国人）、一个立法会议、一个政府和一个首都；成立两个中央机构，一个负责起草普通法，另一个作为两个公国的最高法院，设立在福克沙尼（该城市位于米尔科夫河畔，自古以来就将两个公国隔开）；接受一些统一的元素，确定所有摩尔多瓦人和蒙特尼亚人在法律面前一律平等，可以被选举，在两个公国中的任意一个担任公共职位；废除垄断和封建特权；引入新的选举制度（基于纳税额，也就是收入）；规定改善农民的状况等等。这一文件既没有实现统一，但也没有直接而明确地阻碍统一。

新的大公将于1859年1月在雅西和布加勒斯特举行的民选大会上选出。经过精心组织的宣传以及大会、使者、媒体及其他出版物等的紧张准备后，民族团体制定了统一的战略（一个深思熟虑的计划）并开始选举大公。1859年1月5日，首批摩尔多瓦人被召集到雅西进行选举，并任命了1848年革命的领导人亚历山德鲁·伊万·库扎上校为摩尔多瓦大公，他是一个没有皇室血统且渴望进步和民主的新人。民族团体规定，为了实现统一，布加勒斯特也必须推举摩尔多瓦选出的大公。经过戏剧性的几个星期以及人民包围会议室数天后，大会于1月24日一致选举亚历山德鲁·伊万·库扎为罗马尼亚公国的大公。

民众的热情高涨，这是发自内心的，也是理所应当的。全体罗马尼亚人民甚至是那些仍然被外国人占领的省份中的人民，都从此次行动中看到了新的罗马尼亚已开始形成。法国外交部长赞赏罗马尼亚人的"统一意愿"，匈牙利革命的前领导人科苏特·拉约什写道："这种精神对于一个民族要建立自己的祖国是必不可少的，如果失去了祖国，这种精神还会让其重新获得。"关于"创造"国家和一群知识分子有意识地、刻意地进行"建设"，人们已经讨论了很多，也写了很多，尤其是在近期的历史编纂学领域，按照一些号称是创新的观点对此进行了研究。这种解释是可行的，但只能作为一种修辞或比喻性的观点。没有人可以否认精英、知识分子在现代国家产生和民族国家形成中的作用，但人类社会、广大群众和有意识群体的贡献同样至关重要。1863年米哈伊尔·科格尔尼恰努在议会发表的演讲中强调了这一贡献:"统一,先生们,我不知道谁有权力说统一是他的杰作,统一是整个罗马尼亚民族的有力行动,这是我们伟大的征服,因此,先生们,我不承认大公或者是某个特定的人独自完成了统一,也不会给他们说这话的权力。不,先生们,统一是由民族完成的,是民族为两个公国选出了一位大公,而大公具有实现统一的使命。"所以,即使在那个时候,人们也意识到了大的民族团体在1859年统一中的作用,其在促成统一的所有因素之间适当地保持了合理的平衡。

第二节 亚历山德鲁·伊万一世统治时期(1859—1866年)

亚历山德鲁·伊万·库扎当选大公后,便称作亚历山德鲁·伊万一世,并以此名进行统治,他的统治分为两个明确的时期:第一个时期是1859—1862年,他主要致力于争取国际认可他的双重选举身份,实现国家的完全统一并得到承认;第二个时期是1863—1865年,通过在全社会完成一些深刻改革,标志着罗马尼亚的现代化。此后,得益于在1859年就进行的特殊外交努力,即派遣使者到欧洲各国的首都,各大国承认库扎是雅西和布加勒斯特的大公,但没有明确接受其完全统一,不过最终这也被接受了。1862年1月,罗马尼亚的第一个唯一政府和第一个唯一议会在布加勒斯特诞生。在国际上,法国对此大力支持,然后是意大利、普鲁士和俄国。大公和他的同僚们开始着手完全统一所有机构,从军队到教会,再到法规、货币流通、国家象征等等。从那以后,罗马尼亚这个看似新,实则自罗马尼亚民族存在以来就有的旧名字(此前的罗马尼亚公国),变得越来越受外国人认可。所有这一切都大约发生在亚伯拉罕·林肯当选美国总统以及一些南部州脱离联邦之时。与此同时的欧洲，意大利人以及德国人通过他们的政治和军事领导人进行了轰轰烈烈的统一活动，旨在建立意大利和德国。

在罗马尼亚，库扎大公和他最亲密的同僚——米哈伊尔·科格尔尼恰努首相，都主张根据1848年通过的纲领实现罗马尼亚社会的结构性（深刻）变革，但不是通过革命而是通过改革。米哈伊尔·科格尔尼恰努是这个国家现代化的真正建筑师，他曾经谈到要"从容不迫地进行改革"，进行深思熟虑和成熟的改革。立法大会主要由保守派（尤其是大地主）组成，他们不希望发生这些变革，并投票反对任何影响其利益的改革提议。尽管如此，科格尔尼恰努政府还是成功将修道院的财产世俗化，即将修道院占有的国家大约四分之一的农业用地和其他财产收归国家所有。这一情况源自中世纪，当时的大公和贵族为了支持教会和赎罪，将地产赠送给修道院，一并赠送的还有农奴和奴隶，尤其是罗姆人（茨冈人）。这一法律还具有外部影响，因为这些财产和财富的半数属于"做礼拜用的"罗马尼亚修道院，从中世纪起就处于圣地、东正教牧首和阿陀斯山①的控制之下。按照当时的说法，罗马尼亚各公国（以及其他东正教国家）的修道院向圣地捐赠，是为了使这些基督教圣地"在异教徒手中"幸免于难。但是，从中世纪到19世纪，情况发生了变化，希腊已经独立，罗马尼亚四分之一的耕地自然也不应该再属于神职人员并为外国利益服务。换句话说，罗马尼亚的一部分财富流向了国外，尤其是流向了一个不再受"异教徒"压迫的自由的欧洲国家。罗马尼亚政府向希腊修士们提供了一笔赔偿金，并且不顾一些大国（土耳其、俄国和奥地利）的反对，投票通过了一项法律，根据该法律，罗马

---

① 译者注：阿陀斯山位于希腊，分布着多座修道院，是东正教修道的重要中心。

尼亚的所有修道院财产都归国家所有（1863年12月）。而其他国家早在罗马尼亚之前就已经这样做了。

正如我们所见，衡量科格尔尼恰努政府好坏的标准仍然是自1848年以来民主力量要求的土地改革。然而，所有的提议都被大会以合理手段否决。此外大会也不愿意通过任何新的选举法。面对大会对政府进行的新的不信任投票，首相提交了辞呈。但是库扎大公拒绝了他的辞呈并解散了大会，然后于1864年5月发动了政变。此时，库扎大公的统治进入了专制阶段（强加自己的意志）。新宪法（《巴黎公约补充章程》）和新选举法通过公投交由人民批准。大公的权力得以增加，除了众议院之外，新的立法大会（即参议院，被视为"起平衡作用的机构"）也成立了，而众议院的职权被削减，国务委员会日益活跃，投票权得到了扩大，仍然基于纳税额，而且对许多公民来说，投票是间接的（最贫穷的人不是自己投票，而是通过他们的代表）。最后，新的大会投票通过了《农村法》，实现了期待已久的土地改革，大约50万农户获得了将近200万公顷的土地，并在15年的时间内向原土地所有者支付一定的赔偿金。

亚历山德鲁·伊万·库扎大公在《农村法》颁布之际，为了实行土地改革而发表的宣言（1864年）：

村民们，

……劳役被废除了……通过现行法律确定的归你们所有的那些地方，你们从今天直到永远都是其自由持有者……

通过支付公平的赔偿金，劳役以及你们与地主之间的其他强制关系都被废除了。

……忘了你们所经历的艰难日子吧；忘记所有的仇恨吧；对那些

挑唆你们反对地主的声音充耳不闻吧,从现在起,对这些地主怀有善意吧,把他们当作你们曾经的支持者、未来的朋友和好邻居。难道我们不是同一个国家的儿子吗?难道罗马尼亚的土地不是养活你们的母亲吗?

自由的主人们,你们的双手和土地现在都归你们支配,不要忘记你们首先是庄稼人,是地里的劳动者。不要丢弃这个能使国家富裕的优秀技艺,还要证明在罗马尼亚,自由劳动的产出和其他地方一样,要比强迫劳动多一倍。你们不要懒惰,要更加勤劳,更好地耕种你们增加了的土地,因为从现在起,这些土地就是你们以及你们后代的财富。

同样也要保护好你们乡村的家园,从今天起它们成了独立的乡镇,也是你们的栖身之地,没有人可以再把你们赶走。你们要努力改善和美化村庄,建造数量充足的漂亮房屋,周围还要有花园和果树……尤其要在各地建立学校,可以让你们的孩子获取必要的知识,成为好农民和好公民。5月2日的法令赋予你们所有人权利;要教育你们的孩子重视并善用这些权利。

最重要的是,在未来,甚至是在最糟糕的时期,你们也要一如既往做热爱和平和遵纪守法的人,要相信你们的大公,他祝福你们一切顺利;你们要像以前一样,成为遵守国家法律的榜样……你们要热爱罗马尼亚,从今天开始她对所有的儿子一视同仁。①

土地改革虽然有很多不足之处,但它第一次把土地分给耕种了几个世纪的农民,开启了农业现代化的道路,一些矛盾的变革在未来几十年里将极大震动乡村地区和整个罗马尼亚社会。

在库扎大公统治时期,司法、财政、军队、教育也进行了改革。

---

① 波格丹·穆尔杰斯库主编,《文本中的罗马尼亚史》,布加勒斯特,2001年,第216—217页。

教育方面的法律被称为《公共教育法》，其确立了学校的根本结构，即分为三个学制阶段（初等、中等和高等）。初等教育为四年制的免费义务教育（即学生无须支付学费），罗马尼亚是世界上最早有此类法律的国家之一。中学的数量有所增加。1860年和1864年先后在雅西和布加勒斯特建立了现代大学。遵循法国和意大利的模式，引入了民法、刑法和商业法。采用了现代公制（用米、公斤及其倍数和约数进行测量），重新划分了国家行政区划并通过了会计法等。库扎还有一些未能或未来得及实现的计划，例如：创办国家银行、发行名为"罗马纳特"的国家货币（列伊只有计算价值）、设立国家荣誉和勋章等。他的政权大力发展了与那些被外国占领省份中的罗马尼亚人的联系，给国外的罗马尼亚学校和机构拨款，支持那些出生在被外国占领的省份中，但在罗马尼亚定居的罗马尼亚人融入罗马尼亚国家的生活。罗马尼亚的对外政策是积极且受尊重的，在与各大国，特别是与奥斯曼帝国的关系中，力求培植睦邻友好。罗马尼亚还支持巴尔干、波兰和哈布斯堡王朝的人民解放运动。

库扎想在短时间内快速实现很多目标，他的手下有一些新人，但不是所有人永远忠诚。当然，他很早就遭到了反对，尤其是激进的自由派和保守派（这本是两个对立的政治团体，但由于各种原因都厌恶库扎大公）。他自己也犯了一些错误，有公共的也有个人的，特别是在专制制度时期，这些错误导致了罗马尼亚与大国间的关系破裂，并招致内部反对派的强烈谴责。1865年底，他写信给法国皇帝并在议会中宣布他已准备好退位，并像此前特别会议要求的那样，让位于一位外国亲王，这让许多支持者深感失望。因此，1866年2月11日，在经历了一场密谋之后，库扎大公退位并离开了国家，他许下愿望："愿上帝保佑国家没有我比有我更好！罗马尼亚万岁！"他于1873年在德国去世，但被安葬在罗马尼亚，成千上万的农民为他送行，他一生都在为农民的更好命运而奋斗。今天，他的遗体安息在他心爱的雅西的"三圣教士"教堂中。库扎作为现代罗马尼亚的缔造者之一而被载入史册，他在七年的时间里实施了罗马尼亚人于1848年通过的进步纲领中的很大一部分。

第三节 卡罗尔一世统治时期（1866—1914年）；完全独立的宣布与承认、多布罗加与罗马尼亚的统一；罗马尼亚向王国的转变

库扎退位后，一个摄政机构组成了，负责迅速解决王位空缺的问题，因为一些国家已将统一置于危险之中。根据摄政机构的一项法令，罗马尼亚文学协会于1866年4月13日（儒略历4月1日）成立，这是后来罗马尼亚科学院的前身。该措施自亚历山德鲁·伊万·库扎时代就已制定。然而，这种威胁统一的状况只是暂时的。一些欧洲集团明确表示要回到1859年以前的局面。请来一位在欧洲有名望的外国亲王，其可以在国内对立集团之间充当仲裁者，而这似乎是唯一的挽救之策。于是，1866年5月10日，在新一轮表达民意的公投之后，议会庄严宣布了罗马尼亚保持统一的决定，并"由来自霍亨索伦—西格马林根王朝的卡罗尔一世领导"。不久后，这位德国亲王就来到罗马尼亚并登上王位。而各大国，尤其是土耳其和奥地利，只得再次面对既成事实。卡罗尔一世的统治持续了48年，是罗马尼亚历史上最辉煌的时期之一，他起先是亲王，后来成为国王。这位君主几乎参与了现代罗马尼亚国家形成的所有阶段。

历史学家伊万·波格丹在大学开课时关于卡罗尔一世国王性格的演讲（1914年）：

他怜悯那些受压迫者和穷人,甚至是那些因自身过错而陷入贫困的人,他十分慷慨,且这种慷慨很低调,这是他深厚的宗教精神和不贪求公众认可所决定的。

他是一个不知疲倦的、坚强的劳动者,他精通内政,在一个法律能被轻易践踏的国家里虔敬地遵守法律,他在战争中坚定而勇敢,他有远见,在挥霍浪费的人中保持节俭,在恶者中为善,对所有的国家机构都很慷慨,就像昔日的大公和贵族对教堂和医院那样,而如今他们的后代已经做不到了,他承受着统治期间的各种艰辛却从不抱怨。卡罗尔国王一生都在打击自己和别人身上那些能导致无政府状态的过分的利己主义和个人主义,他还通过智慧的劝告,特别是通过他自己活生生的例子向我们指出,应该走什么样的道路才能为罗马尼亚国家和人民奠定越来越坚实的基础。

这就是人们会永远记住他的原因。①

新大公领导下首先完成的一项工作是推行宪法,这是第一部真正现代的基本法,并由罗马尼亚人民的民选代表以民主方式通过。1866年的宪法以1848年纲领、1858年《巴黎公约》和1864年《库扎宪法》中体现的罗马尼亚社会需求为基础,以比利时宪法为范本。其中申明了18世纪革命和1848—1849年革命要求的一些基本原则,即"公民的自由和基本权利""国家主权""国家权力分离"、大臣的职责、两院议会制(有两个大会)、君主立宪制以及世袭制(由一位大公领导国家,其王位按照宪法继承)、君主的职责等。基本法中规定国家的正式名称是罗马尼亚。君主在行政(领导国家)和立法(制定法律)方面拥有很

---

① 波格丹·穆尔杰斯库主编,《文本中的罗马尼亚史》,布加勒斯特,2001年,第224页。

大权力。但立法权属于由参议院和众议院组成的议会。众议院有权自行运作,有权质询(议员可以追究政府成员的责任)和调查(甚至要求对大臣的行为进行调查)。在民主权利和自由方面,最为突出的是:私有财产的不可侵犯性;新闻自由,不受审查,也无须缴纳保证金;为所有在巴尔干以及沙皇俄国和奥地利帝国(1867年起,为奥匈帝国)受迫害的人提供政治避难权。

宪法由大公颁布,不承认任何形式的外部领导或依附,也没有顾忌土耳其宗主权或者各个保障国。罗马尼亚到第一次世界大战结束之前一直按照此宪法的规定运行着,这也成为欧洲最现代和最先进的宪法之一。

宪法通过以后,基本目标就是使各大国承认罗马尼亚的完全独立,这样才能认真准备罗马尼亚与外国统治下罗马尼亚人占多数的省份的统一。与此同时,社会的现代化也在快速推进,新的企业和工业部门建立起来。从1861年起,罗马尼亚开始出口精炼(加工)石油。到1878年,罗马尼亚已拥有20家炼油厂。特兰西瓦尼亚的煤炭畅销于中欧市场。库扎取消了出口关税,而卡罗尔一世亲王在1875年和1876年分别与奥匈帝国和俄国缔结了贸易协定,以此对抗土耳其,因为只有独立的国家才能做出这样的外交行为。1867年,国家货币体系建立,发行了罗马尼亚的货币——列伊。现代信贷的基础也已经奠定,1880年罗马尼亚国家银行诞生。19世纪50—60年代,第一条铁路建成。到1878年,罗马尼亚已经拥有总长1300公里的铁路网。20世纪初,罗马尼亚、特兰西瓦尼亚和布科维纳的铁路总长度达到7200公里。然而,奥斯曼帝国形式上的宗主权仍然存在,数百万罗马尼亚人依旧生活在外国统治之下,这些都阻碍了经济的快速发展。1870年后,为实现完全独立的努力愈来愈强。

19世纪下半叶,罗马尼亚与高门的关系变成了形式上的,奥斯曼宗主权仅在法律层面存在。卡罗尔亲王和罗马尼亚政府为了使罗马尼亚的完全独立得到承认,进行了一些外交努力,但这些努力并没有取得预想的结果。当时(1875—1876年),波斯尼亚和黑塞哥维那、保加利亚、塞尔维亚和黑山的巴尔干人民针对奥斯曼帝国进行了反抗和战争,罗马尼亚间接支持了这些国家。然而这些运动最终都以失败告终。1876年,俄国在确保奥匈帝国会保持中立并许以一些好处后,开始谋划对土耳其的战争。在最紧张的战争准备期间,罗马尼亚为使国家的完全独立得到承认,遂全力支持俄国对抗土耳其。然而,俄国当局只想在保持罗马尼亚领土完整、维护罗马尼亚国家政治权利的前提条件下,达成一项在罗马尼亚领土上转移俄国军队的协定。俄土战争于1877年4月爆发,当时奥斯曼人轰炸了多瑙河沿岸的罗马尼亚城镇和港口。此后,在4月29—30日,布加勒斯特的议会(先是众议院,然后是参议院)投票决定断绝罗马尼亚与高门的任何依附关系,并向土耳其宣战。1877年5月9日,外交部长米哈伊尔·科格尔尼恰努发表令人难忘的演讲后,罗马尼亚通过众议院正式宣告独立。1877年5月10日,卡罗尔亲王也正式认可了这一行为,而此时恰值他统治满11周年。除了俄国以外,各大国对此持克制态度,而土耳其则指责罗马尼亚"叛乱"。

多瑙河以南的军事行动开展得十分艰难,土耳其人在那里修筑好了完善的防御工事体系。1877年夏季,俄国军队在普列文[①]濒临溃败,于是在7月19日,巴尔干的俄军前线指挥官请求卡罗尔亲王派罗马尼亚军队迅速介入。罗马尼亚军队随后参战并成功将局势扭转过来。1877年8月,卡罗尔一世亲王与俄国沙皇签订协约,随后罗马尼亚实际上成

---

① 译者注:今保加利亚北部。

为一个联合作战国（战争中的平等一方）。罗马尼亚当时有大约10万名士兵，其中作战部队约6万人。大约有1万名罗马尼亚人在战斗中伤亡。1878年1月，俄国和罗马尼亚联军胜券在握，而保加利亚志愿兵也加入进来。这是一场所有罗马尼亚人的战争，其参与者不仅来自罗马尼亚本国，也来自罗马尼亚的所有省份。来自特兰西瓦尼亚的近4000名罗马尼亚人以及许多来自布科维纳甚至比萨拉比亚的罗马尼亚人都被招募为志愿兵；人们为前线募捐，设立了野战医院和正规医院，妇女委员会也行动起来，开展了首次军队卫生保健工作。甚至作家和艺术家也亲赴前线，到了保加利亚的平原，或密切关注着战争的进行，并通过适当的方式将罗马尼亚人民的努力体现在他们的作品中，其中有瓦西里·亚历山德里、奇普里安·波伦贝斯库、尼古拉·格里戈雷斯库、特奥多尔·阿曼、卡罗尔·波普·绍特马里及其他人，他们鼓舞了人民的勇气和信心。

俄国试图独吞胜利果实，并于1878年2月在圣斯特凡诺（位于土耳其的欧洲部分，临近伊斯坦布尔）与奥斯曼帝国缔结了单独的和平条约。通过该条约，俄国在巴尔干的影响和实力空前强大。各大国提出了抗议，尤其是英国和奥匈帝国对此十分不满，于是各国在柏林重新签订了和平条约，保持了局部的均势，也确保了大国的利益：英国获得了塞浦路斯岛，奥匈帝国接管黑山，巴尔干以北的保加利亚成为高门宗主权下的自治行省，俄国则确保了其在高加索和黑海的领土。与此同时，罗马尼亚、塞尔维亚和黑山的完全独立得到承认。然而，罗马尼亚并不能满意。在遭受军事与经济上的损失、获得被国际社会称赞的胜利之后，罗马尼亚没有被承认为联合作战国（即战争与和平中的平等一方），而承诺保卫整个罗马尼亚领土的俄国，再次占领了南比萨拉比亚的三个县（卡胡尔、伊兹梅尔、博尔赫拉德），这些县是通往多瑙河的要地。此外，为了使各大国承认国家的完全独立，罗马尼亚必须授予其领土上的非基督教居民以公民身份，还不得不解决一起不正当铁路交易（斯特劳斯伯格①）引发的恶果，有利于德国银行家的同时，给罗马尼亚人带来了巨大损失。

《柏林条约》中关于罗马尼亚的规定（1878年）：

第43条 各缔约国承认罗马尼亚的独立，并将其与以下两条规定的条件相关联。

第44条 在罗马尼亚，宗教信仰和教派的不同不应阻碍一个人享有公民和政治权利、获准担任公职和获得荣誉、在任何地方从事各种职业和行业。罗马尼亚本国的臣民以及外国人都能享有宗教自由，参加任何宗教对外的活动，对不同宗教团体的等级组织以及其与精神领袖的关系不设置任何障碍。所有国家的国民，不论是商人还是其他人，不分宗教信仰，都将在罗马尼亚得到完全平等的对待。

第45条 罗马尼亚向俄国皇帝陛下归还比萨拉比亚的部分地区，该地区此前根据1856年《巴黎和约》从俄国分离出来，西部以普鲁特河深泓线为界，南部以基利亚河支流深泓线和斯塔里—斯坦布卢口为界。

第46条 组成多瑙河三角洲的各岛以及蛇岛，包括基利亚、苏利纳、马赫穆迪亚、伊萨克恰、图尔恰、默钦、巴巴达格、赫尔绍瓦、康斯坦察、梅德吉迪亚等地区全部划归罗马尼亚。罗马尼亚还接收多布罗加部分地区，这部分地区东起朝向黑海的锡利斯特拉，南至曼加利亚。

---

① 译者注：德裔犹太人，其财团承包了罗马尼亚部分铁路建设，但合同中的违规和转让条件引发了严重的金融政治丑闻，最后罗马尼亚斥巨资赎回铁路。

为划定保加利亚边界而设立的欧洲委员会将现场划定国界线。①

可以看出，各大国在俄国的提议下同意承认多布罗加中部和北部地区以及多瑙河三角洲与罗马尼亚的统一，这意味着被奥斯曼帝国占领约450年后，一个古老的省份重新回到罗马尼亚统治之下。这不是俄国的慷慨，而是利益使然。正如当时所说，在1878年，俄国人拿走了属于我们的东西（南比萨拉比亚，摩尔多瓦不可分割的一部分），把不属于他们的东西给了我们（多布罗加，分离自奥斯曼帝国）。在多布罗加，罗马尼亚人并不占人口的绝对多数（不超过50%），多个民族在此混居，也就是说，没有一个民族占人口的绝对多数。

多布罗加组织法（1880年）：

第一条　多布罗加，以及多瑙河三角洲和蛇岛，根据《柏林条约》并入罗马尼亚，分为……两个县……

第三条　1877年4月11日成为奥斯曼公民的所有多布罗加居民变为罗马尼亚公民。

第四条　一项特别法律将确定他们能够在罗马尼亚境内行使政治权利和购买农村不动产的条件。另一项法律将规定多布罗加居民在罗马尼亚议会中的代表机构。

第五条　已成为罗马尼亚公民的多布罗加居民在法律面前一律平等，享有所有公民权利，且无论出身和宗教如何，都可以被任命担任公职……

第十五条　信仰完全自由。所有宗教的自由都得到保障，只要其

---

① 波格丹·穆尔杰斯库主编，《文本中的罗马尼亚史》，布加勒斯特，2001年，第269页。

宗教仪式不损害公共秩序和道德……

第十六条 东正教在多布罗加也是最主要的宗教……各县的大司祭和图尔恰、康斯坦察主教堂的东正教神职人员由国家付薪。其他东正教教堂的神职人员由乡镇和社区付薪……

第十七条 图尔恰、康斯坦察、巴巴达格、默钦、梅德吉迪亚、赫尔绍瓦、伊萨克恰、苏利纳和曼加利亚主要穆斯林清真寺的维护及人员费用将由国家支付……

第十八条 其他教派的神职人员及其教堂和寺庙将由同一宗教的团体进行维护……

第二十条 教育自由，只要其不损害道德、公共秩序和儿童的健康……在公共教育部的管理下，不同的团体和个人可以自由开设学校，前提条件是除了学校创始人或校长选择的语言外，还必须进行罗马尼亚语的教育……

第六十七条 本法颁布之日起10年内，多布罗加将不再为一线部队招募兵员……在这10年的时间里，多布罗加的居民将组建一支本土军队（骑兵和步兵），指定在罗马尼亚这一地区内服务。在正常情况下，加入这些部队的居民每月服役一个星期，在此期间，他们将根据本土军队的法律获得报酬和食物……

第六十八条 多布罗加的穆斯林居民将组成独立的连和中队。他们的制服将保留土耳其帽和穆斯林头巾，这些费用由国家承担。[1]

罗马尼亚赢得完全独立对罗马尼亚人民具有重要的政治、军事、道德精神、经济以及民族意义。罗马尼亚正式成为一个与其他国家在权

---

[1] 波格丹·穆尔杰斯库主编，《文本中的罗马尼亚史》，布加勒斯特，2001年，第269—270页。

利上平等的国家，带着尊严完全进入了欧洲自由国家之列，并于1881年成为王国，罗马尼亚的君主也加冕为国王。这些事实具有明显的政治意义。罗马尼亚军队在长期的停滞后，参加了现代战争，使用了精良的武器，并成功应对了各种局面，受到了专家的关注和国际媒体的称赞（军事意义）。精神层面的活跃也日益凸显出来，在19世纪70年代后涌现出了一大批罗马尼亚文学经典作家，例如米哈伊·爱明内斯库、扬·克雷安格、瓦西里·亚历山德里、伊万·斯拉维奇、扬·卢卡·卡拉贾莱等人，还有一些伟大的艺术家（如尼古拉·格里戈雷斯库）和各科学领域的杰出学者。1879年，罗马尼亚科学协会（此名称自1867年使用，更早之前称作罗马尼亚文学协会）更名为未来著名的罗马尼亚科学院，这是罗马尼亚科学和文化的最高认可机构。现代化和批判精神催生了源于雅西、由蒂图·马约雷斯库领导的名为"青年"的文化运动（道德和精神意义）。在经济层面，罗马尼亚已经可以自由地捍卫自身利益，奉行保护主义政策（在与外国的竞争中扶持本国商品），重视国内市场并设立本国商品销售所（经济意义）。在民族层面，很明显也包括对外层面，"所有罗马尼亚人的太阳在布加勒斯特升起"，被称为罗马尼亚王国的独立国家正吸引着外国统治下的罗马尼亚各省，民族解放运动已进入了最后阶段，并由各省（比萨拉比亚、布科维纳、特兰西瓦尼亚、匈牙利）与罗马尼亚国家通力合作，协调推进（民族意义）。

农民问题和民族问题在19世纪末的罗马尼亚政治生活中占据主导地位。基于这些问题，一些主要的政治流派走上政治舞台，即保守派和自由派，这些流派也将形成罗马尼亚的政党。其他政治倾向还有左派、社会民主和社会主义，受外部影响，还产生了民粹派和播种派[①]等变

[①] 译者注：罗马尼亚重农主义的一个文学流派。

体，并在1900年前后日益凸显，尤其是在文化艺术和文学领域。这些政治倾向的一个组成部分就是反犹主义（憎恨犹太人），特别是那些带有保守性质的政治倾向，反犹主义由一些出版物煽动并在公众舆论中传播。当人民出现一些不满时，执政者通常把责任归咎于外国人（不仅是罗马尼亚，大多数国家都是如此）。几个世纪以来，为数不多的犹太人生活在罗马尼亚人中，但最近一段时期，由于在俄国和其他邻国遭受迫害，他们开始集体移民，尤其是移民到了摩尔多瓦。

第四节 从独立到"大统一"（1878—1918年）

19世纪70年代，意大利和德国完成建国，欧洲进入了一个新的时代。民族解放运动和削弱多民族帝国的运动达到了前所未有的程度，这些帝国的国家政治结构已不符合当前时代潮流，与民主权利和自由也不相容。运动是必然要发生的，因为巴尔干的所有民族和人口仍然处于奥斯曼帝国或奥匈帝国的统治之下，捷克人、斯洛伐克人和波兰人仍然没有自己的国家，而一半以上的罗马尼亚人没有生活在罗马尼亚。

比萨拉比亚

在比萨拉比亚（摩尔多瓦东部地区，1812年被占领），沙皇俄国在行政、司法、宗教和学校强有力的俄罗斯化进程中，实施了一项斯拉夫人口的殖民政策。摩尔多瓦和罗马尼亚公国的统一在比萨拉比亚产生了强烈的反响，这也是俄国当局试图切断比萨拉比亚与罗马尼亚一切联系的原因。很明显，比萨拉比亚的爱国者们对罗马尼亚充满向往，他们梦想着本省能够被纳入那个以自己民族命名的国家。1867年，比萨拉比亚的所有学校都被禁止使用罗马尼亚语，而俄语成为必修课程。所有罗马尼亚语的宗教书籍都在基希讷乌被集中销毁。尽管如此,俄国仍然对俄罗斯化进程的结果不满,认为这一进程过于软弱和温和,而根据官方数据,1900年前后,罗马尼亚人在人口中的占比已下降到60%(斯拉夫人约占30%,犹太人约占11%)。

由于罗马尼亚的精英大部分被清除或被俄罗斯化,再加上沙皇的惩罚措施变得极其残酷,所以民族运动经常走迂回的道路,且更多的是在文化上进行,而不是在政治上。通常是求助于媒体(报刊《罗马尼亚人》和《比萨拉比亚》)、一些教师和神甫、文化团体、罗马尼亚的支持以及一些著名的知识分子,如扬·因库莱茨、埃马诺伊尔·加夫里利策、伊万·佩利万、扎姆菲尔·阿尔博雷、亚历山德鲁·努尔、康斯坦丁·斯泰雷、潘泰利蒙·哈利帕及其他人。然而,大部分人口是文盲,经济也处于持续衰退状态。

根据1897年人口普查,比萨拉比亚的民族构成如下(百分比):

俄罗斯人　　8.05

乌克兰人　　19.62

白俄罗斯人　0.13

波兰人　　　0.6

保加利亚人　5.33

摩尔多瓦人　47.58

德意志人　　3.11

茨冈人　　　0.45

犹太人　　　11.79

土耳其人　　2.88

其他民族　　0.46[①]

根据1897年人口普查，比萨拉比亚各民族识字率如下（百分比）：

俄罗斯人　　－男性39.9；女性21.1
乌克兰人　　－男性15.3；女性3.1
白俄罗斯人　－男性42.3；女性11.5
波兰人　　　－男性55.6；女性52.9
保加利亚人　－男性31.4；女性6.4
摩尔多瓦人　－男性10.5；女性1.7
德意志人　　－男性63.5；女性62.9
茨冈人　　　－男性0.9；女性0.9
犹太人　　　－男性49.6；女性21.1
土耳其人　　－男性21.1；女性2.4
其他民族　　－男性56.0；女性8.0[②]

特兰西瓦尼亚和布科维纳

这两个重要的省份都属于同一个帝国，即奥地利帝国，其于1867年成为奥匈帝国。这个少数民族实际上占人口绝对多数的多民族国家，在1848年之后经历了几次变化：在1849—1860年期间，这个国家的政

---

① 迪努·波什塔伦库，《一部基于史料和文献的比萨拉比亚史，1812—1940年》，基希讷乌，1998年，第126页。
② 迪努·波什塔伦库，《一部基于史料和文献的比萨拉比亚史，1812—1940年》，基希讷乌，1998年，第126页。

治体制是新专制主义，通过更精细的方法重建了专制和集权制度，但没有取得统治者预期的结果，事实上还是按照维也纳皇帝的意志进行集权统治。在1860—1867年期间，尝试建立自由联邦体制，奥地利历史上的各公国及省份在这一时期获得了自治权；在1867—1918年期间，呈现出奥匈二元政体，奥地利和匈牙利的决策者一致同意，为了将匈牙利人提升为国家东部占统治地位的民族，以残酷压迫人民的手段来共同维持整个帝国。在这些制度下，罗马尼亚人的民族解放运动适应了现实需求并以合适的方式开展。综上所述，奥匈帝国这个名称明显只使用了51年，即从1867年到1918年；而在以前，帝国只能被称为奥地利帝国、德意志民族的神圣罗马帝国（1806年之前）或哈布斯堡帝国。

1848年，布科维纳的罗马尼亚人数量是乌克兰人的两倍，但到1900年，乌克兰人的数量已与罗马尼亚人持平，甚至超过了罗马尼亚人。针对罗马尼亚人的强制民族同化政策通过教会和学校展开，但主要是通过乌克兰人、德意志人、波兰人和斯洛伐克人的大规模殖民进行的。奥地利人叫作布科维纳的地方实际上是摩尔多瓦的核心，也是13世纪到14世纪摩尔多瓦开始形成的地方，该片地区包括摩尔多瓦的旧都、大公的墓地以及摩尔多瓦的罗马尼亚人最珍贵的祈祷圣地。布科维纳实际上是摩尔多瓦的象征，而摩尔多瓦的大部分地区在1859年后成为罗马尼亚的一部分。因此，奥地利当局忧心忡忡，想要千方百计抹去罗马尼亚民族精神和罗马尼亚民族思想。

亚历山德鲁·胡尔穆扎基在布科维纳文学与文化协会中关于布科维纳罗马尼亚教育的谈话（切尔诺夫策，1868年2月5日）：

让我们谈谈更高级别的教育，即中等教育。那么在此，先生们，抛开别的不谈，我只想提一下（众所周知，我们一直在痛惜，并且尝试过在适当的时候接受),中等教育只有用外语进行的,有些教育还是靠着我们教会的财产建立起来的,但后来甚至被那些最初有义务保护它的人疏远,这些人叫作信徒,而民族教育仅仅局限于宗教的教育,这种文言文是中等教育的目标,仅此而已。教育当中完全没有历史的影子,地理也没有,这二者是密不可分的,还有民族志,即更深入了解大众、生存及其内外生活等的知识,这部分内容就更少了。

完全与过去隔绝,对多年来与祖国分离的地区一无所知,这很可怕,人们一旦进入那些学校,在身体上就完全与民众隔离了,而他们也正是从民众中来的,学校的课程、精神和语言与道德没有任何联系,用外语接受这种教育,渐渐地就会在内心深处丢掉所有祖辈的传统,除了在上课学习语言的时候,再也听不到关于本民族的回忆,相反地,只会从外国人嘴里听到对外国的赞美和颂扬。先生们、兄弟们,看看我们的青年人是怎么成长的吧,看看未来的后代们是怎么成长的吧![1]

尽管如此,罗马尼亚文化和政治团体仍然在布科维纳起到了重要作用,此外还有教会,《布科维纳》《布科维纳报》《祖国》《文学青年》等刊物,1871年普特纳的盛大庆祝活动(罗马尼亚所有地区的知识分子出席,包括青年诗人米哈伊·爱明内斯库)以及1904年斯特凡大公逝世400周年纪念大会等。自1892年起,布科维纳的罗马尼亚民族党站在了民族斗争的第一线。1875年,切尔诺夫策大学建立,使用德语教学,当局允许在其内部设立罗马尼亚语言和文学教研室。在19世纪和20世纪之交,米哈伊·爱明内斯库那些鼓舞人心的诗在布科维纳以及比萨拉比亚流传得越来越频繁、越来越广泛,这位"摩尔多瓦人"

---

[1] 波格丹·穆尔杰斯库主编,《文本中的罗马尼亚史》,布加勒斯特,2001年,第238页。

对"从德涅斯特河到蒂萨河"的罗马尼亚人十分赞扬,并将罗马尼亚定义为"我的荣耀之国""我的向往之国"。通过这种由知识分子推动的手段和方法,"摩尔多瓦人""布科维纳人"或"比萨拉比亚人"的民族意识不断增强,他们对罗马尼亚王国抱有极大的希望。

罗马尼亚人组织得最好的民族解放运动发生在特兰西瓦尼亚、巴纳特、克里沙纳和马拉穆列什,1900年前后,这些地方有近300万罗马尼亚人生活在外国占领下,根据官方经常"调整"的数据,他们占这些省总人口的一半到三分之二。其余的是匈牙利人(连同塞库伊人)、德意志人、犹太人、罗姆人(茨冈人)和其他民族。许多罗马尼亚人从这些地方移居到了罗马尼亚,特别是在1877年之后,此外还有更多的人移民去了美国和加拿大。1860年之后,随着自由体制的出现,罗马尼亚人重新燃起了希望。尽管哈布斯堡王朝的所有罗马尼亚人没有被承认拥有单一自治领土(例如,巴纳特和西部地区都并入了匈牙利),但历史上的特兰西瓦尼亚自治权得以恢复。通过一项新的选举法,减少了关于纳税额的规定,罗马尼亚人由此获得了投票权。此后,在1863—1864年期间,罗马尼亚人占相对多数的第一个也是最后一个特兰西瓦尼亚议会于锡比乌运行。这种"相对多数"意味着代表罗马尼亚人的议员最多(但不超过50%,而事实上应当超过)。锡比乌议会基于罗马尼亚人和萨斯人的合作(匈牙利人拒绝与"瓦拉几亚农奴"为伍),投票通过了两项极其重要的法律:一是关于罗马尼亚民族及其宗教与特兰西瓦尼亚其他民族和宗教平等的法律;二是关于罗马尼亚语以及匈牙利语、德语正式化的法律。不幸的是,这些能够使国家政治更加民主的法律很快就被废除了,自由体制也走到了尽头。为阻止帝国的崩溃,维也纳宫廷和奥地利当局找到了一条生存之道,将帝国缓慢消亡的时间延长了半个世纪,即匈牙利的地位由从属国上升为了统治国,从而建立了一个双头帝国，有两个首都、两个政府（三个部委是共同的）、两个议会等。帝国中由匈牙利政府管理的部分（称为外莱塔尼亚）包括斯洛伐克、克罗地亚、伏伊伏丁那、巴纳特、特兰西瓦尼亚、克里沙纳、马拉穆列什以及路淀人的领土，也就是匈牙利人占少数的地区。在这个关于"圣斯蒂芬王冠"①的中世纪幻想复苏的国家中，匈牙利人仅占总人口的三分之一多一点。布科维纳由维也纳管辖，是内莱塔尼亚的一部分。这些地区不再有任何形式的自治权。通过一系列披着民主外衣而实际上针对少数群体实施的法律（选举法、国籍法、新闻法、教育法等），且这些法律时不时地被越改越糟糕，匈牙利境内人民的民族生活逐渐被压制。匈牙利民族被宣布为"不可分割的一体"，匈牙利语则成为行政和教育的强制性语言。而罗马尼亚学校只保留那些宗教的，由罗马尼亚团体和教会出资支持。因此，争取民族解放的斗争采取了广泛的形式，且组织有序。罗马尼亚人不承认这种二元政体的合法性，因为他们没有被征求过任何意见。罗马尼亚人的第一次重大抗议是在1868年发布《布拉日政变宣言》，此时距离1848年5月的国民大会已过去整整20年。

　　该宣言重申"罗马尼亚人——特兰西瓦尼亚居民中占主导地位的多数群体"，仍然完全忠于1848年5月15日（儒略历5月3日）提出的革命纲领中的原则，他们有以下主张：以1691年的利奥波德法为基础，实行特兰西瓦尼亚自治；1863—1864年锡比乌议会通过的法律（关于罗马尼亚民族及其宗教与特兰西瓦尼亚其他民族和宗教平等的法律，关于罗马尼亚语以及匈牙利语、德语正式化的法律）恢复生效；在真正"民众代表"的基础上重开特兰西瓦尼亚议会，与此同时，布达佩斯的

---

① 亦称"匈牙利圣冠"，1000年伊什特万加冕为国王时由教皇赠送，是匈牙利民族国家的象征。历代匈牙利国王加冕时都要戴上这顶圣冠，以证明其合法性。

议会无权为特兰西瓦尼亚制定有效的法律。他们还指出，在现有条件下获得"我们政治信心的认可和价值"的唯一途径是利用出版物，甚至需要就二元政体对特兰西瓦尼亚事务的粗暴干涉"坦率地表露出不满"。这份政变宣言明确要求了特兰西瓦尼亚的自治以及在这个目标的基础上重开特兰西瓦尼亚议会。政变宣言的作者们表示，他们不承认特兰西瓦尼亚与匈牙利的统一，从而也不承认布达佩斯议会有权为特兰西瓦尼亚通过法律。宣言还重申要抵制国家的政治生活，拒绝承认匈牙利机构。

1869年，罗马尼亚人的领导者组建了两个罗马尼亚民族政党，一个在巴纳特及西部地区，另一个在特兰西瓦尼亚本土。与巴纳特人不同，特兰西瓦尼亚人采取了政治消极主义的策略，因为他们不承认政权，也就无法参与官方政治生活。1881年，这两个政党合并，称为"罗马尼亚民族党"。文化团体，尤其是那些捍卫语言的团体（如特兰西瓦尼亚罗马尼亚文学及罗马尼亚民族文化协会），以及《特兰西瓦尼亚报》《联盟》《罗马尼亚电报》《论坛》《金星》《罗马尼亚人》《旗帜》等许多刊物，还有学生协会和布拉日、阿拉德、布拉索夫、贝尤什、锡比乌、卡兰塞贝什等地具有悠久历史的学校，正是这些事物保持了民族精神的活力，并造就了一代又一代的知识分子和斗士。最广泛的一次罗马尼亚行动是发表《特兰西瓦尼亚及匈牙利的罗马尼亚人之请愿书》，这份文件围绕1881—1895年期间的整个运动展开。罗马尼亚民族运动的领导人伊万·拉齐乌、乔治·波普·伯塞什蒂、尤柳·科罗亚努、欧金·布罗特、瓦西里·卢卡丘、塞普蒂米乌·阿尔比尼等人计划了一项重大行动，在提交给皇帝的请愿书中揭露并谴责了对罗马尼亚人进行民族压迫的政权，并要求赋予罗马尼亚人正常的权利。而这距离1791—1792年《罗马尼亚人的请愿书》的发表已过去100年。1892年，一个由300名罗马尼亚人组成的代表团在维也纳宫廷提交了这份请愿书。

1892年《罗马尼亚人的请愿书》节选：

皇帝及王家使徒陛下！

皇后殿下！

今年1月20—21日，匈牙利王室国家的罗马尼亚选民代表齐聚锡比乌召开选举会议，他们注意到，由于对1866—1868年期间政府体制造成的政治局势以及自那以后直至现在我们政治生活发展的不满，在经历多次悲哀的尝试后，民众对布达佩斯议会和匈牙利政府已不再有丝毫的信心。经过长期和成熟的克制，他们这次一致同意，这是一件慎重且爱国的事情，罗马尼亚人不再尝试行使选举权，而是认为自己在国家的议会中没有被代表。

受代表内莱塔尼亚①全体罗马尼亚人的会议委托，我们恭敬地来到陛下面前，想请陛下如慈父般关注当前国家的政策对祖国造成的威胁，并让陛下如实了解到这些事实。因此，君主政体下公民中最忠诚和最坚韧的罗马尼亚人，不得不暂时放弃行使陛下开恩赋予的那些最重要的权利，这些权利是他们牺牲财富和鲜血换来的，并给皇室和君主制度带来了荣耀……

即使经过25年的努力，通过确保匈牙利民族的专属统治来巩固匈牙利国家的尝试被证明是徒劳的。无论是在人数上、文化上，还是在政治方面的谨慎上，匈牙利民族都没能达到足够的优势，在没有其他民族支持甚至与之斗争的情况下，其无法单独领导共同祖国的一切事务。通过各民族统一，将多语言的匈牙利国家转变为匈牙利单一民族国家的想

---

① 奥匈帝国东半部，由布达佩斯政府管辖。

法被证明是一个危险的乌托邦。目前的匈牙利国家表现为一个团体，其唯一目的是不惜一切代价支持匈牙利的统治，帮助匈牙利人压迫他们的同胞，并窃取他人的劳动成果，作为匈牙利民族所在之地上可耻的奢侈品，而其他民族连进行文化创作的基本条件都被剥夺了……

今天，在各族人民被这种蔑视和顽固的政策惹恼之后，只有在陛下的调解中，我们才能期待我们共同的生活发生有益的变化……①

然而，君主并没有接受这份文件，而是将其转交给了布达佩斯的匈牙利政府。不出所料，匈牙利政府驳回了该文件。罗马尼亚人的领导者则被指控"危害匈牙利国家"，不是因为他们写了请愿书，而是因为他们用国际流通的语言对其进行了传播。他们被送上法庭，于1894年在克卢日的一次审判中被判处多年监禁。实际上，这场运动的目的就是为了向国外展现特兰西瓦尼亚罗马尼亚人的艰难处境，而这个目的也的确达到了，没有人真正相信皇帝或匈牙利政府会赋予罗马尼亚人权利。克卢日的审判事实上也是一次全体罗马尼亚人团结起来的机会，更是一次全面展示法国、意大利、美国等国际民主社会对罗马尼亚人的事业同情的机会。罗马尼亚民族党主席伊万·拉齐乌在将要审判他的法庭上说，压迫者在那里讨论罗马尼亚民族的生存问题，但是"一个民族的生存不需要讨论，而是其自己来展现"！

特兰西瓦尼亚罗马尼亚民族运动的领导人以各种方式进行了广泛的群众运动，他们深入最遥远的村庄，以他们的理解向所有罗马尼亚人解释民族自由意味着什么、全体罗马尼亚人的共同命运会如何。匈牙利的罗马尼亚社会主义团体也被这场运动所吸引，他们在20世纪初有了

---

① 波格丹·穆尔杰斯库主编，《文本中的罗马尼亚史》，布加勒斯特，2001年，第238页。

自己的组织，并为社会斗争和民族斗争相结合而奋斗。而一些知识分子看到了在奥地利统治下通过统一几个自治王国使多瑙河各民族组成一个联邦的未来。但是，这个本可以让罗马尼亚人更接近西欧的计划却被证明是乌托邦式的（无法实现）。特兰西瓦尼亚罗马尼亚运动的力量还体现在其与帝国其他民族和人民斗争的密切联系上，特别是与匈牙利的斯洛伐克人和塞尔维亚人议会团体的联系。但未来成功的关键在于特兰西瓦尼亚与罗马尼亚的持久联系，特别是1878—1881年以后，成功的关键在于罗马尼亚王国的坚定支持和罗马尼亚国家的官方行动，尤其是各种组织的行动以及一些重要人物的支持。

第五节 第一次世界大战

19世纪末和20世纪初，罗马尼亚处于经济繁荣时期，尤其是工业发展迅猛。新企业、新生产领域甚至新工业部门不断涌现。冶金业、采掘业和原材料加工业持续发展。到1900年，罗马尼亚已有87家炼油厂。1882年，布加勒斯特引入电力照明；1884年，蒂米什瓦拉成为欧洲第一个用电灯作为街道照明的城市。公路和铁路网络以及河流和海上运输得到发展。由罗马尼亚工程师安格尔·萨利格尼设计的切尔纳沃德大桥建成，这是当时世界上最重要的桥梁之一，这座大桥将多布罗加与罗马尼亚其他地区连接起来，并增添了货物和人员进出黑海的通道。20世纪初，罗马尼亚工程师特拉扬·武亚、奥雷尔·弗拉伊库和亨利·科安德是世界航空业的先驱，与莱特兄弟等人是同时代的人物。例如，特拉扬·武亚是世界上第一个使用比空气重的飞机进行飞行的人，这种飞机通过内置发动机启动。

但所有这些成就都被一些社会动荡所掩盖，特别是农民在1888—

1907年间多次暴动，反抗集中土地并强加艰苦工作条件的土地转租者和地主。大城市的工人们组织了一些仍然谨慎的行动，他们中的一部分人在社会主义思想的影响下组成了一个社会民主党（1883年），但仅存在了一小段时间。罗马尼亚的政治生活由两个在19世纪70年代和80年代实质性组织起来的传统政党主导，即国家自由党（PNL）和保守党。他们在一个被称为"轮转政府"的稳定体制内轮流执政。国家自由党是代表国内资本工商业新势力的政党，奉行"自己做主"的政治路线，其权威越来越高。这意味着自由党党员们已经认识到，罗马尼亚资本主义的发展要更多地依靠自己的力量、资本和其他罗马尼亚财富，而不是靠外国人。一个极有威望的家族在这个政党中创造了一个真正的"朝代"，这就是布勒蒂亚努家族，其自1848年以来就一直发挥着重要作用。1876—1888年，罗马尼亚政府由扬·康斯坦丁·布勒蒂亚努领导，其奉行基于实际的现实政策，并取得了令人瞩目的成就。

不幸的是，由于大国之间的竞争和分歧，世界和平受到了战争准备的威胁。两个军事和政治集团形成了，即同盟国（德国、奥匈帝国和意大利）和协约国（英国、法国和俄国），这使世界按照经济利益、历史传统或喜好分裂成了两个敌对阵营。位于中欧敏感地区和巴尔干附近的罗马尼亚为了确保自身的安全，无法置身于这些联盟之外。1877年以后，罗马尼亚与俄国的关系迅速恶化，特别是在俄国重新占领南比萨拉比亚以及俄国军队在罗马尼亚领土上长期驻扎之后。俄国对巴尔干地区的扩张政策和将罗马尼亚纳入俄国统治的计划是显而易见的。因此，防御俄国是罗马尼亚在1883年与同盟国建立秘密防御同盟的主要原因，相关协议也由国王卡罗尔一世亲自签署。然而不久之后，罗马尼亚的政治阶层和民众舆论出于对当时国家利益的考量，使罗马尼亚外交政策转变了方向。同盟建立在利益的基础上，而罗马尼亚在20世纪初最重要的利益就是实现国家与全部罗马尼亚省份的统一，也就是与周边那些罗马尼亚民族占多数的地区统一。众所周知，超过一半的罗马尼亚人仍然居住在罗马尼亚之外，他们与国家的统一不是任何人赠予的礼物，而是斗争和牺牲的结果。因此，罗马尼亚坚定地加入这两个集团中的一个或另一个与实现民族理想密切相关。但这个决定很难做出，因为奥匈帝国（同盟国之一）统治着特兰西瓦尼亚、巴纳特、克里沙纳、马拉穆列什以及布科维纳，还有数以百万计的罗马尼亚人。而俄国（协约国之一）统治着比萨拉比亚，那里同样有数量众多的罗马尼亚人。因此，任何一种选择，不论最后胜利与否，都会导致罗马尼亚的损失。换句话说，战争结束以后，不可能出现所有罗马尼亚的省份与罗马尼亚统一的场景。

1912—1913年发生的巴尔干战争①是正在酝酿中的巨大冲突的一次彩排，巴尔干地区的基督教国家试图通过这场战争夺回他们仍处于土耳其统治之下的地区。遗憾的是，由于他们之间的竞争，结果并不如预期。罗马尼亚作为地区内的仲裁者，立场模糊，仅介入了第二次巴尔干战争，并通过1913年的《布加勒斯特条约》获得了南多布罗加（又称卡德里拉泰尔，罗马尼亚民族在此地不占多数），这使其与保加利亚的关系紧张。1912年，中华民国宣告成立，定都南京，孙中山就任临时大总统。

由于局势复杂，1914年战争爆发时，罗马尼亚正式宣布中立（即不参战），但对协约国保持善意中立。同年，国王卡罗尔一世去世，由他的侄子（国王无子嗣）斐迪南一世继承王位（1914—1927年在位）。随着在位48年的卡罗尔国王逝世，罗马尼亚历史上一个取得巨

---

① 译者注：分为第一次巴尔干战争和第二次巴尔干战争。

大成就的时代结束了,这个时代也烙上了这位伟大君主杰出人格的清晰印记,国王留下了一个在欧洲享有盛誉的国家。1916年以后,在国家根本利益不受损害的情况下,中立已无法延续。1916年8月,罗马尼亚与协约国签署了一项政治协议和一项军事协议(均为秘密协议),其中规定:罗马尼亚迅速加入对奥匈帝国的战争,协约国定期向罗马尼亚军队提供补给,俄国军队在多布罗加支援罗马尼亚,从塞萨洛尼基(希腊)对保加利亚和土耳其联军发起进攻。遵守这些规定对罗马尼亚非常重要,此刻罗马尼亚几乎完全被敌人包围,例如奥匈帝国、保加利亚和土耳其。作为交换,协约国必须保卫罗马尼亚的领土完整,并确保罗马尼亚在之后的和平会议上与各签署国拥有平等条件。最重要的是,罗马尼亚人关于特兰西瓦尼亚、巴纳特、克里沙纳、马拉穆列什以及布科维纳按照历史边界与罗马尼亚王国统一的愿望,得到了法国、英国、俄国、意大利和其他盟友的承认。而比萨拉比亚暂时仍归俄国所有,这引起了很多人的不满。

因此,为了将数百万罗马尼亚人从特兰西瓦尼亚、巴纳特、克里沙纳、马拉穆列什以及布科维纳解放出来,罗马尼亚在1916年8月与奥匈帝国(实际上也包括德国及其盟国)开战。然而这个于1916年8月14日作出的决定并不容易,当时国王召集王室委员会宣布罗马尼亚决定走这条路。协约国与同盟国两大集团针锋相对,双方都旨在捍卫各自国家的利益,这符合情理却不平等。当国王说明选择站在协约国一边的理由时,伟大的政治家彼得·卡尔普十分愤怒且言辞激烈(希望罗马尼亚军队战败;派他的三个儿子加入德国军队等),他还提醒国王不要忘了自己是德意志家族的一分子,其家族的一些利益也需要捍卫。彼得·卡尔普希望不惜一切代价首先将比萨拉比亚与国家统一,该省因俄国的民族同化已岌岌可危。国王尽管悲伤,但坚定而清醒地讲了令人难忘的话,

今人却大多已忘记:

卡尔普先生,我非常清楚我是霍亨索伦家族的人,您无须提醒我。如果祖国的利益与罗马尼亚的利益一致,我会毫不犹豫地采纳您的意见;这个解决方案对我来说是最简单的。但是,当我深刻审视自己的良知后,我痛苦地得出结论,罗马尼亚的利益与奥匈帝国的利益和德国的利益并不一致。我不得不让我的心保持沉默;这并不容易;带着饱受折磨的灵魂,我决定向罗马尼亚人民履行我的职责,我领导着他们的未来。虽有痛苦,但我坚信这一天的决定是唯一符合我国命运的决定。

国王还说:

卡尔普先生,当您谈到家族的利益时,您错了。我不知家族之利益,我只知国家之利益。在我看来,这两种利益是对立的。如果我决定迈出这沉重的一步,那是因为经过成熟的思考,我坚信这符合民族的真正愿望……而家族,将随着国家的命运,一荣俱荣,一损俱损。因为现在我的家族属于罗马尼亚,这高于一切,卡尔普先生,您应该知道这一点。当您把我的家族当成外国的,当成德意志的,那您就错了。现在是罗马尼亚的!罗马尼亚人请我的叔叔卡罗尔国王到这里来,不是为了在多瑙河口建立一个德意志王朝,而是要建立一个民族王朝。罗马尼亚人为了荣耀也要求我的王室彻底完成人民赋予的使命。

这是一位罗马尼亚伟人的言行,值得所有人铭记,即使在今天也值得效仿。英国维多利亚女王的侄女、俄国沙皇尼古拉二世的表妹——

玛丽王后①,也在王室决策中发挥了特定的作用。

做出这一具有历史意义的决定之后,根据国家利益和上述秘密协议中包含的书面保证,由超过80万名士兵组成的罗马尼亚军队在对奥匈帝国宣战之后,集中在喀尔巴阡山方向展开攻击,旨在解放特兰西瓦尼亚,还有一小部分在多布罗加对抗德国、保加利亚和土耳其联军。经过漫长的等待,现在"罗马尼亚军队正在越过喀尔巴阡山",特兰西瓦尼亚的罗马尼亚人热情高涨,难以用语言形容。

1916年9月17日发表在《特兰西瓦尼亚报》上的文章——《蓝—黄—红旗帜在特兰西瓦尼亚喀尔巴阡山麓飘扬》:

为了我们逝去的祖先和父辈的梦想正在实现,一代又一代罗马尼亚人为这个"苦难之子"流下了眼泪,以至于今天,当蓝—黄—红的旗帜在特兰西瓦尼亚喀尔巴阡山坡和山麓飘扬时,我们惊呆了,不敢相信自己的眼睛。喀尔巴阡山像一道可恨的墙,阻隔了同一民族的儿子,但在一夜之间成了罗马尼亚民族精神的脊梁。

今日,从奥尔绍瓦到蒂萨河的源头,在喀尔巴阡山这一昔日的枷锁两侧,居于主导地位的是一种语言和一种旗帜:罗马尼亚语和罗马尼亚国旗。

我们民族的悲剧在下一幕开始之前突然结束。从今以后,兄弟间不再争斗,我们将成为不可分割的一体。

就像昨天一样,我们今天也是满眼泪水。但却有天壤之别……昨天的泪水映射出一个悲伤的、致命的黑夜,仅有一缕微光,那就是燃烧在万千烈士兄弟坟墓前的长明灯,他们倒在外国的屠刀下;而今天的泪

---

① 译者注:罗马尼亚国王斐迪南一世之妻。

水在最伟大、最神圣的情感火花中闪烁自由的阳光,而这正是我们凡人应该享有的。

昨天我们的口中仍然对刽子手发出诅咒,而今天我们为勇敢的罗马尼亚军队发出感激的欢呼。

我们昔日的祖先与罗马尼亚军队今日的烈士已紧握双手。

现在轮到生者了,在这些英雄们用鲜血铸就的根基上伸出双手,在所有的荣耀中完全实现民族理想:大罗马尼亚的梦想。[1]

然而,由于敌人数量和装备优势的压制,再加上缺乏协约国承诺的一些援助,罗马尼亚军队在多瑙河被击败,在取得一些显著胜利后,不得不逐步从特兰西瓦尼亚撤退。奥匈帝国和德国军队强行突破河谷,向喀尔巴阡山以南渗透,并在日乌河及奥尔特河河谷取得了胜利。经过近四个月的战斗,德国军队于1916年12月6日进入布加勒斯特,这意味着同盟国此时已占领了罗马尼亚领土的三分之二。王室、政府、中央行政机关以及部分人口撤退到了摩尔多瓦,这也是唯一未被占领的地方。战争前线在摩尔多瓦南部稳定下来,但情况仍然十分危险。罗马尼亚人的抵抗难以维持,严冬、饥荒和疾病影响了数百万人。议会、政府以及国王都已采取措施摆脱危机,承诺进行土地和选举改革。因担心落入敌人之手,国家的黄金储备(约93.4吨黄金),一部分档案、王室珠宝、罗马尼亚东正教会的圣器、罗马尼亚储蓄所的资产以及其他一些有价值的国有财产在1916—1917年间全部被运往当时认为安全的俄国保管。其中的大多数(主要是近100吨黄金)至今仍留在那里,先是被布尔什维克没收,在苏联解体后也没有归还。另一方面,德国和奥匈帝国在被

---

[1] 波格丹·穆尔杰斯库主编,《文本中的罗马尼亚史》,布加勒斯特,2001年,第275页。

占领地区建立的军事政权掠夺了罗马尼亚大量的地上和地下财富（约合180亿列伊）。

  罗马尼亚在摩尔多瓦重整旗鼓，重建了一支约有46万名士兵的军队，这支军队装备了从国外购买的现代化武器，并由亨利·马蒂亚斯·贝特洛特将军率领的法国军事代表团进行训练。玛丽王后出资组建了红十字会，并亲赴一线在战斗中鼓舞士兵。因此，当同盟国军队在1917年7—8月间发动决定性的进攻，试图将罗马尼亚彻底打败时，罗马尼亚军队在默勒什蒂、默勒谢什蒂和奥伊图兹连战连捷，挽救了罗马尼亚国家。国王庄严承诺士兵们将在战后获得土地，这使他们深受鼓舞，而埃雷米亚·格里戈雷斯库将军的格言"休想从这里通过"，也让士兵们备受激励。遗憾的是，罗马尼亚当时的胜利仅有道德价值，因为俄国的巨大变革[①]使罗马尼亚失去了该地区唯一的重要盟友。俄国与同盟国单独签订了停战协定和此后的和平条约。罗马尼亚也被迫这样做，以避免完全被吞并。1918年3—5月，罗马尼亚在布夫泰亚和布加勒斯特与德国谈判并缔结了一项单独的和平协议。1918年11月，罗马尼亚恢复了对抗同盟国的行动，而德国要求的停战则让罗马尼亚退出了协约国一方。罗马尼亚当局设法说服了罗马尼亚的传统盟友，其与德国和奥匈帝国的和平协议（于1918年5月在布加勒斯特签署）不是背叛（一些人如此评价），而是一种不可避免的、暂时的解决方案，等时机成熟后可以拒绝接受。在这场战争中，罗马尼亚损失了34万名士兵，有30万人受伤，还有11.5万人被俘虏或失踪。

[①] 译者注：即俄国十月革命，俄国自此退出第一次世界大战。

第六节 "大统一"

1918年，尽管经历了巨大的屈辱和牺牲，罗马尼亚还是实现了整个现代历史上最辉煌的成就，即所有罗马尼亚人的政治统一。当时大多数罗马尼亚人也都这样认为。第一个与罗马尼亚统一的省份就是最晚被外国人占领的比萨拉比亚（1812年被俄国人强占）。众所周知，南比萨拉比亚的卡胡尔、伊兹梅尔和博尔赫拉德地区（县）已于1856—1878年归还给摩尔多瓦，实际上就是还给了罗马尼亚。比萨拉比亚在被占领100多年后，在一个极其落后的状态中重归罗马尼亚，这种状态此前由沙皇俄国维持。十月革命之后，沙皇俄国走到了崩溃的边缘。左派和布尔什维克的思想渗透到了帝国最遥远的省份，那里也按照大城市的模式建立了苏维埃（委员会）。比萨拉比亚同样也有这样的趋势。与此同时，摩尔多瓦当地的民族力量也得到了充分的发挥。因此，1917年4月，摩尔多瓦民族党（由瓦西里·斯特罗埃斯库领导）在基希讷乌成立，最初为比萨拉比亚自治而奋斗。该党的新闻机构是报纸《摩尔多瓦之声》，特兰西瓦尼亚和布科维纳的一些避难者对该报纸的出版做出了突出贡献。另一方面，乌克兰的领导力量也正在寻求将比萨拉比亚并入其新生的国家。

1917年秋，国家议会在基希讷乌成立，这是由普鲁特河和德涅斯特河之间的人民民主选举产生的议会（具有立法作用的代表机构），议会最初决定将比萨拉比亚从俄国分离出来并实行自治。在当时的条件下，尤其是俄国布尔什维克主义的威胁已日渐显现，罗马尼亚军队在普鲁特河以东的干预是必要的。根据协约国盟友之间的协议，应摩尔多瓦民主共和国政府军事援助的请求，并经同盟国的同意，罗马尼亚军队在

1917年12月至1918年3月期间对比萨拉比亚进行了干涉。罗马尼亚军队进入比萨拉比亚的政治和战略原因与该省领导层无法控制新成立的摩尔多瓦民主共和国国内的局势有关，正在前俄国省份内组织起来的布尔什维克军队威胁着摩尔多瓦民主共和国。另一个重要因素是，经协约国和同盟国的代表同意，罗马尼亚王国主要的利益就来自对东摩尔多瓦的军事统治。这种统治本应该在比萨拉比亚脱离俄国的有利历史时机下进行，且西摩尔多瓦遭受饥荒，无法从普鲁特河和德涅斯特河之间领土上获得重要的粮食补给。最终，在新的"共和国"内部，罗马尼亚爱国力量也逐渐认识到与国家统一的必要性，其思想也从脱离俄国、实现自治和独立向加入罗马尼亚王国转变。

运动的领导者有扬·因库莱茨、康斯坦丁·斯泰雷、瓦西里·斯特罗埃斯库、保罗·戈雷、弗拉迪米尔·赫尔察、潘泰利蒙·哈利帕、奥尼西福尔·吉布、扬·佩利万、达尼埃尔·丘古雷亚努、扬·布兹杜冈、阿列克谢·马泰埃维奇、西米翁·穆拉法等人。1917—1918年，曾作为前俄国省份一个多世纪、摩尔多瓦在普鲁特河和德涅斯特河之间的那部分地区宣布自治并脱离俄国，成为摩尔多瓦独立共和国，然后与罗马尼亚统一。最后一步是由同样名为国家议会的机构完成的，其代表所有社会阶层和少数民族。议会中有156名代表，其中摩尔多瓦的罗马尼亚人105名、乌克兰人15名、犹太人14名、格格乌兹人8名、俄罗斯人7名、德意志人2名、保加利亚人2名、波兰人1名、亚美尼亚人1名、希腊人1名。立法法院于1918年4月9日（儒略历3月27日）以多数票决定比萨拉比亚与罗马尼亚王国统一。投票情况如下：86名代表投票支持与罗马尼亚统一，36人弃权，3人反对，其余人缺席。

比萨拉比亚国家议会主席扬·因库莱茨致斐迪南一世国王的电报（1918年3月11日）：

致国王陛下，
——雅西

我以代表着摆脱了百年奴役的比萨拉比亚罗马尼亚人民的国家议会之名义，向陛下表明罗马尼亚东部全体罗马尼亚人民坚定不移的信仰，通过与祖国的统一，他们看到了自由发展的保证，以及通向民族文化和社会公正的康庄大道。

——陛下忠实的仆人，比萨拉比亚国家议会主席扬·因库莱茨[①]

比萨拉比亚与罗马尼亚统一宣言（1918年4月9日，儒略历3月27日）：

国家议会以比萨拉比亚人民的名义宣布：

摩尔多瓦民主共和国（比萨拉比亚），以普鲁特河、德涅斯特河、黑海及与奥地利的旧国境线为界，一百多年前被俄国从原摩尔多瓦强行割占，根据历史权利和民族权利，依据人民自己决定自己命运的原则，从今天起，它们与罗马尼亚母亲统一，直到永远。

统一建立在以下基础之上：

1. 国家议会将继续存在，并按照人民的需求和要求，致力于解决和实施土地改革。这些决定将得到罗马尼亚政府的承认。

2. 比萨拉比亚保留其省级自治权，设有国家议会，在未来通过普遍、平等、直接和无记名的投票选举产生，议会拥有执行机构和自己的行政机构。

3. 国家议会的职责：（1）就地方预算进行表决；（2）监督城市

---

① 波格丹·穆尔杰斯库主编，《文本中的罗马尼亚史》，布加勒斯特，2001年，第277—278页。

和地方自治会①的所有机构；（3）所有地方政府官员由议会执行机构任命，高级官员需经罗马尼亚政府确认。

4. 军队的改组原则上以领土为依据。

5. 现行法律和地方组织（地方自治会和城市）仍然有效，若罗马尼亚议会对此进行更改，必须有比萨拉比亚代表参与审议。

6. 尊重比萨拉比亚少数民族的权利。

7. 两名代表将进入罗马尼亚部长委员会，目前由本届国家议会任命，未来将从罗马尼亚议会的比萨拉比亚代表中选出。

8. 比萨拉比亚将根据普遍、平等、直接和无记名的投票，按照人口比例选派若干代表进入罗马尼亚议会。

9. 比萨拉比亚所有区、村庄、城市、地方自治会和议会的选举都将根据普遍、平等、直接和无记名的投票进行。

10. 宪法将保障人身自由、印刷自由、言论自由、信仰自由、集会自由和一切公共自由。

11. 在变革的动荡时期，所有因政治原因而违反法律的行为都将被赦免。

比萨拉比亚作为女儿与罗马尼亚母亲统一，罗马尼亚议会将决定立即召开制宪会议，根据普遍、平等、直接和无记名的投票选出的比萨拉比亚代表将按照人口比例进入议会，共同决定将上述原则和保证写入宪法。

比萨拉比亚与罗马尼亚的永久统一万岁！

国家议会主席扬·因库莱茨

---

① 俄国旧时的行政单位。

国家议会秘书扬·布兹杜冈[1]

奥匈帝国还有罗马尼亚人,他们在战争期间经常被迫与自己的同胞作战。利维乌·雷布雷亚努在小说《吊死鬼之林》中巧妙展示了这些人的悲剧。

第一次世界大战末期,在1918年11月奥匈帝国战败之时,布科维纳公国的罗马尼亚人和乌克兰人同时要求各自民族占多数的地区分别与罗马尼亚王国和新成立的西乌克兰人民共和国统一。但在边界谈判时出现了严重分歧,因为两方都想得到切尔诺夫策、勒德乌齐、锡雷特等重要城市。而在此前的1918年10月,罗马尼亚人就在塞克斯蒂尔·普什卡留和扬库·弗隆多尔的倡议下,于切尔诺夫策召开了名为"制宪会议"的罗马尼亚国民大会。大会在先进分子迪奥尼谢·贝让的主持下选出了一个民族委员会,由来自所有县和社会阶层的50名成员组成,扬库·弗隆多尔担任主席。为了夺取布科维纳的行政权力,乌克兰军队占领了布科维纳的大部分地区。在这种情况下,11月11日(儒略历10月29日),应罗马尼亚民族委员会向罗马尼亚政府提出的请求,由雅各布·扎迪克将军统率的罗马尼亚第8师(隶属于尼古拉·佩塔拉将军指挥的第4军团)进入布科维纳及切尔诺夫策,"不分民族和信仰,保护所有居民的生命、财产和自由免受已经开始大肆破坏的犯罪团伙的侵害"(摘自雅各布·扎迪克将军于飞机上发表的宣言)。值得一提的是,罗马尼亚是在1918年11月6日收到盟军同意的电报后才向布科维纳派兵的。乌克兰军队一枪未发就离开了切尔诺夫策,并撤退到了加利西亚(1918年11月9日),而那些强行成立乌克兰政权的篡位者及其支持

---

[1] 《比萨拉比亚与比萨拉比亚人》,米哈伊·阿道杰及亚历山德鲁·富尔图编纂、研究与评论,基希讷乌,1991年,第246—247页。

者也放弃了权力并逃离了切尔诺夫策。

11月12日，罗马尼亚民族委员会通过了布科维纳基本法，其中规定：立法权由委员会行使，行政权由扬库·弗隆多尔领导的罗马尼亚政府行使，该政府由塞克斯蒂尔·普什卡留、多里梅东特·波波维奇、尼库·弗隆多尔、格奥尔基·瑟尔布、拉杜·斯别拉、伊波利特·塔尔纳夫斯基、马克西米利安·哈克曼、瓦西里·马尔库、奥雷尔·楚尔卡努、科尔内尔·塔尔诺维茨基、奥克塔维安·盖尔吉安等部长组成。罗马尼亚民族委员会还于11月28日（儒略历11月15日）召集了布科维纳全体大会，由省内各民族（罗马尼亚人、德意志人、波兰人、乌克兰人、犹太人等）的代表组成。在大多数德意志代表和波兰代表的支持下，大会一致投票决定（承认大会合法性的出席者的一致意见）"布科维纳按其旧边界与罗马尼亚王国无条件永远统一"。大多数布科维纳的乌克兰人代表和犹太人代表拒绝参加全体大会的会议，因为大会不接受他们的完全合法。然而，这些共居民族的许多领导人之后还是承认了布科维纳与罗马尼亚的统一。

在作出这一历史性的决定后，大会向被称为"布科维纳的国王、解放者和守护者"的斐迪南国王致以电报，请求陛下将已解放的布科维纳纳入自己的保护权杖。

布科维纳与罗马尼亚统一的提案（1918年11月28日，儒略历11月15日）：

布科维纳全体大会于今日——1918年11月28日星期四在切尔诺夫策教务会议厅集会，考虑到自罗马尼亚各公国建立以来，包括苏恰瓦和切尔诺夫策旧时地区在内的布科维纳曾一直是摩尔多瓦的一部分，摩尔多瓦在其周围已经形成一个国家；

考虑到这些国家的境内有苏恰瓦的旧王座,有勒德乌齐、普特纳和苏恰瓦的大公墓地以及摩尔多瓦旧时的许多遗迹和珍贵记忆;

考虑到这个国家的儿子们与他们的摩尔多瓦兄弟们在同一位大公的领导下,几个世纪以来一直捍卫着本民族的存在,反抗所有外国侵略者和异教徒的侵略;

考虑到1774年布科维纳因他国阴谋,从摩尔多瓦被分割出来,被迫依附于哈布斯堡王权之下;

考虑到144年来,布科维纳人民忍受着外国统治的苦难,统治者无视民族权利,通过不公正和迫害试图异化他们的天性,并使布科维纳人民和意欲兄弟般共处的其他民族结仇;

考虑到144年来,布科维纳人为了压迫者的生存、荣耀和权威,在欧洲的所有战场上都像殉难者一样在外国的旗帜下战斗,而作为回报,他们却忍受着世代权利的减少,从公共生活、学校甚至是教堂中被驱逐出去;

考虑到与此同时,本土人民有步骤地被阻止享有这个国家所创造的财富,而他们大部分旧时的遗产也被剥夺;

考虑到尽管如此,布科维纳人并没有丧失信心:他们极度渴望和痛苦等待已久的拯救时刻即将到来,他们被不合法的国界所阻隔的祖辈遗产,随着布科维纳重新并入斯特凡大公的摩尔多瓦,即将重新得以完整。他们一直坚信,当德涅斯特河和蒂萨河之间的所有罗马尼亚公国联合成一个统一的民族国家时,民族的伟大梦想就会实现;

由此可见,这个伟大的时刻已经来临!

今天,在罗马尼亚及其强大而出色的盟友付出巨大的努力和牺牲之后,世界上已经为各民族确立了法律和人道原则,当奥匈帝国在遭受毁灭性打击,根基动摇时,其走向了崩溃,所有禁锢在其中的民族赢得了自己自由做主的权利，解放布科维纳首先想到的就是罗马尼亚王国，我们一直将解放的希望寄托在罗马尼亚王国身上。

因此我们，代表国家最高权力且独享立法权的布科维纳全体大会，以国家主权的名义决定：

布科维纳按其旧边界直至切列莫什河、科拉钦及德涅斯特河与罗马尼亚王国无条件永远统一。①

在特兰西瓦尼亚，与罗马尼亚统一的活动也非常活跃。1918年10月，当卡尔一世皇帝提议奥匈帝国联邦化时，罗马尼亚人以宣布独立作为回应，他们宣布自己是整个罗马尼亚民族的一部分。宣言在奥拉迪亚制定，并于10月12日在奥雷尔·拉泽尔的家中通过，然后于10月18日由议员亚历山德鲁·瓦伊达–沃埃沃德在匈牙利议会提交。 逐渐地，地方权力被若干罗马尼亚民族委员会接管，公共秩序则由罗马尼亚警卫队确保。领导全体罗马尼亚人的机构是罗马尼亚民族委员会，由罗马尼亚民族党的6位成员（特奥多尔·米哈利、瓦西里·戈尔迪什、斯特凡·奇切奥–波普、奥雷尔·拉泽尔、奥雷尔·弗拉德、亚历山德鲁·瓦伊达–沃埃沃德）和社会民主党的6位成员（蒂隆·阿尔巴尼、伊万·弗卢埃拉什、巴济柳·苏尔杜、埃内亚·格拉皮尼、约瑟夫·雷诺尤、约瑟夫·茹曼卡）共同组成。为了使新局势合法化，罗马尼亚民族委员会于1918年12月1日（儒略历11月18日）在阿尔巴尤利亚召开了国民大会，该城市具有象征意义，在1600年处于勇敢的米哈伊统治之下。布拉日和锡比乌这两座城市也被列入会议地点的讨论范围，但最终还是定在了阿尔巴尤利亚，因为勇敢的米哈伊的光辉事迹，这座城市已

---

① 《比萨拉比亚与比萨拉比亚人》，米哈伊·阿道杰及亚历山德鲁·富尔图编纂、研究与评论，基希讷乌，1991年，第264—266页。

经成为"我们民族的历史之城"。国民大会的核心由1228名具有投票权的民选代表组成(即"大国民议会"),这些代表由所有城乡团体、行政单位、政党、教会和各种文化、专业组织选派。他们代表了在匈牙利范围内的全体罗马尼亚人民。

布拉日的《统一报》对代表们进入赌场大楼的报道如下,他们将在那里宣读统一的决议并进行投票:

> 在热烈的鼓掌声中,大国民议会的成员们到达了。伴随着整个大厅的欢呼声,戈尔迪什先生第一个进入了会场。随后,N.伊万、A.科斯马、萨夫图、久尔久、格拉皮尼、奇塞尔、弗卢埃拉什、茹曼卡、T.阿尔巴尼、米胡茨等人也依次进入。他们都是年轻人,身形也不高大。民众对他们极具好感并报以阵阵欢呼。当我们的避难者——因布罗阿内、吉策·波普、杰尼·戈加、什基奥普尔进入大厅时,会场内再次爆发出了欢呼声。随后,拉杜、波普、弗伦丘、霍苏等一众高级教士也在所有人震耳欲聋的欢呼声中出现了。紧随他们之后的斯特凡·奇切奥-波普同样受到了热烈欢迎,然后是特奥多尔·米哈利、弗拉德少校和罗马尼亚军官伯古列斯库、热莱留、默尔库列斯库,他们高举罗马尼亚军帽,向热烈的大会致意。[①]

此外,参加大会的还有来自特兰西瓦尼亚各地和西部地区的约10万名罗马尼亚人。根据预先确定的顺序,他们被分组到"霍雷亚之地",即现在被称为"罗马人练兵场"的地方,位于加冕主教堂(将于

---

① 《布拉日罗马尼亚民族委员会,1918年11月至1919年1月的议定书及文件》,精编版,前言、索引及术语表由维奥丽卡·拉斯库、马切尔·什蒂尔班编写,第二卷,克卢日—纳波卡,1978年,第221页。

1922年建造）附近。大会秩序井然，由瓦西里·戈尔迪什宣布特兰西瓦尼亚、巴纳特、克里沙纳和马拉穆列什与罗马尼亚统一。

1918年12月1日，瓦西里·戈尔迪什在阿尔巴尤利亚大国民议会（1228名代表聚集在军队的赌场大楼，自那时起被称为统一大厅）上发表的讲话（随后提出了统一决议的动议）：

光荣的国民大会，

罗马帝国出于自身需求在喀尔巴阡山东南一带部署强大的哨兵，以对抗北方和东方的蛮族，这些蛮族威胁到了带有拉丁特性的人类文化，罗马尼亚民族从诞生到现在一直忍受着这些忠实哨兵带来的悲惨命运，不得不承受各种敌人的打击并保持恒久的忍耐。

起初富裕而幸福的罗马达契亚行省很快成为一些部族的必经之地，这些部族被罗马黄金般的光芒所蒙蔽，争先恐后地奔向帝国迷人的城市。一些民族在文明的阶梯上顽强地停了下来，日渐腐蚀罗马帝国，而罗马帝国也在这种虚弱中被无数野蛮人侵袭，最终走向衰亡。

如同从坚固的树干上切下来的树枝，图拉真的移民们深深扎根在这片平原的峭壁、山谷和肥沃土地上。这些罗马遗孤们失去了帝国的庇护，留在此地自生自灭，他们不再提及悲惨的过往，并与一些温和而有梦想的斯拉夫人融合，造就了一个民族、一种语言、一种特性：罗马尼亚民族。

世界历史上出现了无与伦比的奇观，多个世纪以来被野蛮入侵者践踏的罗马尼亚民族失去了国家的统一，在分散的统治下被一个个瓦解，在世界历史的长河中逐渐消散，就像一粒尘埃，仿佛从人类意识的表面消失了。但是，当18个世纪之后罗马尼亚的灵魂从沉睡和死亡中苏醒并在灿烂的阳光下复活时，民族意识，这个民族的民族边界，几乎是以毫米级的精度与历史地图上被指定为图拉真达契亚行省的边界高度重合，在德涅斯特河暗波中饮马的比萨拉比亚人，与蒂萨河金色水域附近的克里沙纳人在语言上完全互通。罗马尼亚哨兵忠于其使命——保持拉丁特性并承受敌人不断的打击，但她不再坚持自己的传奇品德——恒久的忍耐。

在如同暴风雪般的入侵中，经过漫长的数个世纪的蛰伏，罗马尼亚民族在历史的光芒中重新出现，依靠喀尔巴阡山形成了几个小国家，并朝向多瑙河以及德涅斯特河。但是，这个骨子里是英勇达契亚人的民族，仍然被不幸的命运所支配，被一个厉害的民族征服，并开始无情地统治。这个图拉真让我们安顿下来的地方，变成了旋涡的中心，我们民族追求幸福的努力也被到处包围着我们的贪婪敌人打击。

这些小国家由出生于马拉穆列什和弗格拉什的勇士建立，首先受到人类交流中最残暴的敌人的打击，即兄弟之间的嫉妒和仇恨。

而他们的不幸也被外界的敌人放大了，包括匈牙利人、波兰人和鞑靼人。伊斯兰教日益崛起，现在，罗马尼亚人注定不仅要用鲜血保卫他们的生命和财产，还要保卫他们的灵魂和信仰。

罗马尼亚人对抗那些在基督教义基础上开始萌生的异教文化，在面对主要通过野蛮方式传播的伊斯兰教低等观念时，通过无与伦比的牺牲捍卫了人类文明的进步，罗马尼亚人为自己创造了一个不朽的身份并有资格被全人类承认。没有什么比这样一个事实更能证明这个民族基督教信仰的力量，即以基督教世界的名义与异教徒斗争。起初，民族因悲惨命运起义之后，靠着勇敢的米哈伊强大的力量和闪光的天赋，就是在这座城市里实现了短暂的统一。

但是这次短暂的统一就像闪电般转瞬即逝，我们民族的躯体再次被撕成了碎片。我们的兄弟，来自喀尔巴阡山的东麓，来自多瑙河下游和德涅斯特河流域的平原，忍受着土耳其的宗主权，遭受着波兰人和鞑靼人的掠夺，用他们的鲜血喂养了来自法纳尔地区的可恶的异教徒。切尔诺夫策地区和斯特凡大公的墓地被背信弃义的哈布斯堡王朝窃取，比萨拉比亚的肥美平原也被残暴的俄国人侵吞。而我们，留在了故土阿尔迪亚尔、巴纳特和匈牙利地区，我们被世界上一个民族可能面临的最残酷的命运所支配。我们被身体、经济和精神上的奴役所束缚，这在整个人类历史中是绝无仅有的。1784年摆脱奴役的绝望尝试没有成功，农民霍雷亚在这座城市的结局是历史上最令人震惊的悲剧之一，仍然有待一位文学天才来描述。西米翁·伯尔努丘在1848年那个重大的日子于布拉日大教堂发表的划时代演讲中说出了真相，他说："如果谁无法想象犹太人从吉卜赛人那里遭受的困难，那就让他看看阿尔迪亚尔的吉卜赛人。"

几个世纪以来，罗马达契亚行省土地的真正合法所有者——罗马尼亚民族，在其祖传的土地上被视为外人和弱者。当在遥远的西方经历了几个世纪的苦难之后，从居于统治地位的拉丁兄弟国家到彻底的光明，自由、平等和友爱的幽灵已经抵达我们的山脉和新世界，我们的昔日的压迫者与皇帝称兄道弟，这个皇帝是被他们废黜的，却是我们为之流血牺牲的，这两股力量再次奴役了我们。我们亲爱的扬库，山之王的悲痛阴影，永远是哈布斯堡王朝忘恩负义的经典证明。他们违背我们的意愿，将我们的阿尔迪亚尔并入匈牙利地区，通过虚假和骗人的宪政剥夺了我们的文化自由，在政治上消灭我们，还使我们的教会屈从于他们的压迫倾向，并使经济无法发展，而经济的进步本可以使我们能够抵御外族入侵我们祖辈的土地。

在这些中，我们怀着热爱看向我们东边的兄弟，他们从野蛮时代的灾难中开始沉思。他们从西方的光芒中感受到了共同的起源，1859年在善良开明的库扎大公领导下，罗马尼亚两个公国得以统一，民族意识深入人心。而到了1877年，他们再次奋力对抗异教徒，摆脱了连接着罗马尼亚与君士坦丁堡的最后一道枷锁。1881年5月10日，霍亨索伦家族的卡罗尔加冕为自由独立的罗马尼亚的国王。

而我们却仍然作为匈牙利公民和哈布斯堡王朝——洛塔林吉亚的臣民履行着义务。我们相信，我们长期的忍耐和对祖国及皇帝的忠诚终将打动当权者的内心，为了君主制的利益给我们提供一些民族生存的可能以及文化和经济发展的条件。我们的期望落空了。压迫不断加剧。压迫者现在公开承认他们的目标是建立匈牙利民族统一国家，而这意味着我们必须放弃自己的民族身份。铲除工作开始了，业已结束的世界大战促使我们的压迫者想圆满完成这项工作。成千上万的罗马尼亚人仍在为国家和皇帝流血牺牲，而国家和皇帝却把这些战士的父母和兄弟投进了监狱。国家和皇帝下令关闭罗马尼亚学校，并将他们的爪牙派进了我们的教会会议，他们制定了在政治上消灭我们的计划，并开始在经济上使我们破产，他们将成千上万的罗马尼亚人投入监狱，扼杀了我们的新闻和言论自由，国家和皇帝密谋绞杀我们，并为我们准备好了坟墓。

但人类与真理和正义的斗争是徒劳的。自然的神秘法则引导人类事件走上通往完美的文明之路。人类本能地遵循这个法则，并开始认识到将个体自由与民族自由结合为一个人类社会高级统一体的必要性。然而这种结合是以两种自由的实现为前提条件的，即个体自由与民族自由。如果在几乎所有文明国家中，个体自由已经实现或即将实现，那么在其中一些国家中，民族自由则被禁锢了。发动世界大战是为了使这种自由摆脱禁锢。民族必须是自由的，这样才能在平等的权利和条件下实现民族大统一，而这也将被视为文明等级内一种高级观念的代表，此外还能增加地球上人类的福祉。西方所有开明的领袖都宣称他们的信念：

这场战争是为民族自由而战，不是为了这些民族，而是为了世界的利益，为了人类的利益，只有这样才能在幸福的道路上向前迈进。历史酝酿了这些理念，而宣扬这些理念的使徒是威尔逊[①]。（威尔逊万岁！热烈且持久的欢呼。）

为了使这些理念获得胜利，西方的盟国投入了战斗，各处的罗马尼亚人与这些国家结盟，我们是以灵魂结盟，而那些自由的兄弟们则是拿起武器结盟。罗马尼亚人再一次履行了作为文明的哨兵对抗暴行的职责。

……民族必须解放。这些民族中就包括匈牙利、巴纳特和特兰西瓦尼亚的罗马尼亚民族。罗马尼亚民族获得解放的权利得到了全世界的承认，也得到了我们宿敌的承认。而一旦摆脱束缚，她就会跑进她亲爱母亲的怀抱当中。这个世界上没有比这更自然的了。这个民族的自由意味着与罗马尼亚公国的统一。罗马尼亚人民的分散不是由某一藏着虚假术语的经济法规造成的，恰恰相反，德涅斯特河、蒂萨河和多瑙河之间的领土是几乎自给自足的最理想的经济体。罗马尼亚国家的分裂则是一种野蛮行为。所有罗马尼亚人统一在一个国家内是文明最自然的要求。（热烈地喊道：没错！）自图拉真建立行省以来，罗马尼亚人居住的领土直至今日都是罗马尼亚的领土。没有一个国家可以扭转这种逻辑，外国势力蓄意入侵这片领土，并通过滥用国家权力以消灭我们的民族，以此来撼动我们对这片领土的所有权（没错！）。这种行为是对犯罪的认可和对文明的一记耳光，文明原则上不允许以暴行替代法律。根据法律和正义，匈牙利和特兰西瓦尼亚的罗马尼亚人以及他们居住的所有领土必须与罗马尼亚王国统一。（长时间的呐喊和欢呼。）

罗马尼亚在文明世界东部边缘的第一次短暂统一是在米哈伊的剑

[①] 译者注：指时任美国总统托马斯·伍德罗·威尔逊。

下实现的，这是以一种比涌入欧洲更高的原则的名义进行的，该原则如今使所有为光明和自由而跳动的心感到宽慰，这次统一最终失败了。而现在这一次所有罗马尼亚人的新统一将是完整且永恒的，是高级生命以对没落世界进行构想的名义，通过战胜践踏文明的势力而实现的。它是所有民族真正自由的原则，是任何民族中每个个体生活条件平等的原则，是所有自由的理性联合在一个国际社会中的原则，旨在避免不公正。

所有罗马尼亚人统一在一个单一国家内，并适应新生存观念和新时代精神赋予的所有义务，只有这样，这次统一才会稳固，并通过世界未来的历史得到保证。这种新的文明观念将使我们有责任不因先辈的不幸而让后辈受苦，还将会确保罗马尼亚土地上所有民族和所有共居的个体拥有相同的权利和义务。解放了我们的文明需要我们尊重它，并要求我们在新的国家中消除一切特权，要求我们将劳动及其全部的回报确立为这个国家的基础。

1848年在自由广场上，我们的先驱作出了如下决定"民族宣誓效忠皇帝、国家和罗马尼亚民族"。皇帝欺骗了我们（没错！），国家禁锢了我们。我们醒悟了，只有相信自己，相信罗马尼亚民族，我们才能得救。从今以后，让我们只宣誓忠于罗马尼亚民族，同时也宣誓忠于人类文明。只要我们持守这个信念，我们的民族就会生生不息，我们的子孙后代就会永远幸福。

总而言之，我代表匈牙利、巴纳特和特兰西瓦尼亚罗马尼亚民族的大国民议会并受其委托，请求光荣的国民大会接受并宣布以下决定（瓦西里·戈尔迪什随后宣读了关于统一的决议草案）。

最后，请接受这些决议，总之，1400万罗马尼亚人的神圣纽带今天

使我们有权说出:"大罗马尼亚万岁!"(经久不息的掌声)①

尤柳·霍苏(盖尔拉的希腊—天主教会主教,日后成为红衣主教,1945年当选为罗马尼亚科学院院士)受罗马尼亚大国民议会以及参加阿尔巴尤利亚国民大会民众的委托,于1918年12月1日宣读了特兰西瓦尼亚与罗马尼亚王国统一的宣言。随后他拥抱了米隆·克里斯泰亚(卡兰塞贝什的东正教会主教,日后成为罗马尼亚东正教会的牧首)。尤柳·霍苏和米隆·克里斯泰亚两位主教以及另外两名特兰西瓦尼亚先进分子——亚历山德鲁·瓦伊达–沃埃沃德和瓦西里·戈尔迪什,将阿尔巴尤利亚的统一宣言带到了布加勒斯特。该宣言被提交给了所有罗马尼亚人的国王斐迪南一世。

在罗马尼亚国家完全统一之前,决定由大国民议会继续行使职能,具有立法作用,隶属于布加勒斯特议会和执政委员会,该委员会具有行政职能,隶属于罗马尼亚政府。1919年,这一地区的少数民族(萨斯人、斯瓦波人、犹太人以及一些匈牙利团体)正式承认了1918年12月1日的决议以及特兰西瓦尼亚并入罗马尼亚。而匈牙利拒绝承认新的现实,并在由库恩·贝拉领导的共产主义者掌权后,于1919年4月向罗马尼亚发动了武装进攻。这个严峻的现实以及协约国要求阻止共产主义在中欧扩张,使罗马尼亚军队决定反击,并越过蒂萨河,直抵布达佩斯,于1919年8月推翻了匈牙利的苏维埃政权。

阿尔巴尤利亚国民大会决议(1918年12月1日,儒略历11月18日):

---

① 伊万·苏丘博士,《1918年12月1日的大统一》,布加勒斯特,1943年,第85—96页。

所有罗马尼亚人统一在一个单一国家内,并适应新文明观念赋予的所有义务,且使我们有责任不因先辈的不幸而让后辈受苦,只有这样,这次统一才会稳固,并通过世界未来的历史得到保证。而统一也将会确保罗马尼亚土地上所有民族和所有共居的个体拥有相同的权利和义务。

文明解放了我们,也需要我们尊重它,并要求我们在新的国家中消除一切特权,要求我们将劳动及其全部的回报确立为这个国家的基础。

一、1918年12月1日,特兰西瓦尼亚、巴纳特和匈牙利地区的所有罗马尼亚人通过他们的有权代表在阿尔巴尤利亚召开国民大会,宣布这些罗马尼亚人及他们居住的所有领土与罗马尼亚统一。(热烈的掌声。大罗马尼亚万岁!人们全体起立,高举双手。此时正是12点钟)

国民大会特别宣布罗马尼亚民族对穆列什河、蒂萨河和多瑙河之间的整个巴纳特地区拥有不可剥夺的权利。(万岁声、欢呼声、赞同声)

二、国民大会在根据普选召开制宪会议前,保留上述领土的临时自治权。

三、据此,作为新罗马尼亚国家组成的基本原则,国民大会宣布如下:

1. 所有共居的民族享有充分的民族自由。每个民族都将用自己的语言进行教育、管理和诉讼。每个民族按照本民族的人口数量,都将在国家立法机关和政府中获得代表权。

2. 国家内所有宗教享有平等权利和充分自治的宗教自由。

3. 在公共生活的各个领域内完全建立真正的民主制度。公众选举遵循直接、平等和无记名的原则,按比例在乡镇一级进行。年满21岁的

公民，不分男女均可被选为乡镇、县或议会的代表。（高喊：妇女万岁！万岁！走廊上一片欢呼。妇女们挥舞手帕）

4. 新闻完全自由，结社和集会自由：所有人类思想的宣传自由。

5. 进行彻底的土地改革。对所有地产，尤其是大地产进行登记。在登记的基础上，根据按需削减大地产的法规，废除土地佣金，使农民可以拥有一份地产（耕地、牧场、森林），使其和家庭至少能够劳作。这一土地政策的指导原则，一方面是为了促进社会平等，另一方面也是为了提高生产。

6. 确保工人阶级的权利和利益与西方最先进的工业国中已立法保障的权利和利益相同。

四、国民大会表示，希望和平大会以这种方式实现自由民族的紧密团结，所有大小民族的正义和自由都得到确保，并希望在未来消除战争，以此作为调节国际关系的手段。

五、参加国民大会的罗马尼亚人向布科维纳的兄弟们致敬，他们摆脱了奥匈帝国君主制的束缚，并与罗马尼亚祖国统一。

六、国民大会热烈欢迎迄今被奥匈帝国君主制奴役的民族获得自由，即捷克斯洛伐克人、奥地利—德意志人、南斯拉夫人、波兰人和路淀人。并决定将这一问候告知所有这些民族。

七、国民大会向那些在这场战争中为实现我们的理想而流血、为罗马尼亚民族的自由和统一而献身的勇敢的罗马尼亚人表示崇高的敬意。

八、国民大会对各盟国表示感谢和钦佩，他们顽强地与备战数十年的敌人进行了光荣的战争，使文明摆脱了野蛮的魔掌。

九、为进一步管理特兰西瓦尼亚、巴纳特和匈牙利地区罗马尼亚民族的事务，国民大会决定成立罗马尼亚大国民议会。在任何时间、任何地点，面对世界上任何民族，该议会将全权代表罗马尼亚民族，并有权采取一切符合民族利益的必要行动。

最后，请接受这些决议，总之，1400万罗马尼亚人的神圣纽带今天使我们有权说出：

"大罗马尼亚万岁！"（经久不息的掌声）①

可以看出，统一决议的规定是清晰、准确且简单的。九个条目中只有第三条有分项（六个）。这六个分项体现了构成国家的原则："共居民族"的民族自由，国家所有宗教的宗教自由，21岁以上的公民不分男女进行普遍、平等、直接和无记名的选举，新闻、结社、集会和思想自由，彻底的土地改革，工人阶级的权利与西方最发达国家中的相同。

"自治"一词在上述决议的文本中使用了两次。第一次出现在该决议的开头，即第二条："国民大会在根据普选召开制宪会议前，保留上述领土（特兰西瓦尼亚、巴纳特和匈牙利地区②）的临时自治权。"由此可以看出，首先，这是关于领土自治权的声明，也就是主要由罗马尼亚人居住、与罗马尼亚相统一并被视为一个整体的那部分领土（约10万平方公里）。其次，大会提议给予这些领土的临时自治权，其期限到通过普选召集会议，向罗马尼亚王国递交一部新宪法为止。所有这些规定基本都得到遵守，在不久之后，特兰西瓦尼亚、巴纳特和西部地区最终并入了罗马尼亚，自治权也随之取消。国民大会第一个也是最重要的决定不是某个省或者某些省的临时自治权，而是"宣布"它们与

---

① 《罗马尼亚人的1918年》，第十卷，布加勒斯特，1989年，第288—289页。
② 专指罗马尼亚人居住的、靠近匈牙利的地区，即克里沙纳、萨图马雷、马拉穆列什、索尔诺克、温格、贝雷格、乌戈恰等地。

罗马尼亚的统一。该文件的关键点正是罗马尼亚人和上述领土与罗马尼亚的统一。而这个统一是由1228名民主选举产生的代表"宣布"的，他们持有官方证件，是所有相关罗马尼亚人的代表。统一的决策者体面地广泛关注了特兰西瓦尼亚的少数民族和宗教以及他们在罗马尼亚王国的命运，这毫无疑问是正确的，因为罗马尼亚人不想从被压迫者变成压迫者。在"新罗马尼亚国家组成的基本原则"之间，国民大会确立了："所有共居的民族享有充分的民族自由"和"国家内所有宗教享有平等权利和充分自治的宗教自由"。对"充分的民族自由"的解释很明确，也不可能有第二种解释，这意味着，对于决议的作者来说，"共居的民族"有权"用自己的语言进行教育、管理和诉讼"、有权在罗马尼亚的"立法机关中被代表"、有权在国家的政府中被代表。"自治"一词在这里是一个形容词，修饰的是"国家内所有宗教"，而不仅仅是少数宗教。

从制定一个世纪后的角度来看，对这份文件还能有什么进一步的评论呢？决议的文本中没有任何地方提及特兰西瓦尼亚某一地区按照民族的标准拥有的自治权。此外，特兰西瓦尼亚的"历史自治"，包括"塞库伊人的土地"，在19世纪下半叶都被奥匈帝国（更准确地说，是被布达佩斯的议会和政府）所废除。根据1918年阿尔巴尤利亚的决议精神，罗马尼亚最大的少数民族——匈牙利族（今天占国家人口的6%以上）自1918年以来，就一直可以用自己的语言进行"教育"；在占简单多数的所有地方以及在各级领导机构中作为村长或地方、县委员会成员等，一直可以用自己的语言进行"管理"，他们讲的就是匈牙利语；在满足法律要求条件的情况下，一直可以用自己的语言进行"诉讼"。国民大会的决议没有"颁布"，即它只决定了一件根本的事情，即特兰西瓦尼亚与罗马尼亚的统一。除此之外，还向"新罗马尼亚国家"提出了须遵守的建议,而"新罗马尼亚国家"根据国际法将上述领土纳入其中。罗马尼亚国家在两次世界大战期间及以后,根据政治制度,大体上遵守了这些关于少数民族权利的建议。当然,自上个世纪的1918年以来,罗马尼亚少数民族的这些"以他们自己的语言"进行教育、管理和诉讼的权利受到了各种限制,这取决于政治体制和政府的更迭。然而,任何国家都是如此。

1918年12月1日,尤柳·马纽在阿尔巴尤利亚发表的演讲:

……我们感觉自己就像一个已经几十年未见天日的盲人,在上帝的恩赐下睁开了眼睛,看到了太阳神圣的光芒。我们今天在这里作为人民的眼睛,看到了民族自由的光芒……

为了消除外国人关于我们通过统一和民族自由想要干什么的疑虑,罗马尼亚大国民议会声明其不欲建立一个压迫的帝国。曾经是被压迫者的我们不想成为压迫者。我们希望确保所有人的自由以及所有共居民族的发展。大国民议会在此强调,其遵循我们古老的谚语:己所不欲,勿施于人。我们希望在大罗马尼亚的这片土地上为所有人确立民族自由。我们希望每个民族都能用自己的语言受教育,用自己的信仰向上帝祈祷,用自己的语言祈求正义。

曾经,当看到我们的语言被驱逐出学校、教会、司法机关时,我们流下了眼泪,但现在我们不会对别人这么做。我们不会夺走他人生存的可能。我们也不想靠别人的劳动生活,因为我们可以靠自己的勤奋和力量生活。(热烈的掌声)只有通过民主的制度,我们才能巩固我们的罗马尼亚国家,尤其是当我们必须考虑现代国家生存的要求时。只有在国内建立一个保障权利和自由的制度,我们才有力量在国外坚定我们的事业。所有社会阶层的充分自由是国家利益的保证。这就是为什么罗马尼亚大国民议会在其决议草案中提到了实现民主制度的观点……

请大家一致接受我们的决议草案。这份草案指明了前进的道路，我们将能实现我们的理想，并为一个永存且统一的大罗马尼亚奠定基础，从而实现完全的民主意识和社会公正。①

1918年12月1日的决议标志着一个进程的结束，即罗马尼亚人完成了国家统一。这个日期也成为国家的节日，但并不是因为当时几个历史省份与罗马尼亚实现了统一，而是因为这象征着一个进程的结束，即统一的实现、梦想的实现，正如诗人所说："我们的祖国和先辈得以安息。"1918年12月24日，斐迪南国王颁布特兰西瓦尼亚与原罗马尼亚统一的法令。1922年，斐迪南国王和玛丽王后在阿尔巴尤利亚正式加冕。与罗马尼亚人同时，通过民族解放斗争和第一次世界大战结束时形成的局势，波兰人、捷克人、斯洛伐克人、南斯拉夫人、立陶宛人、爱沙尼亚人、匈牙利人、奥地利人及其他民族也建立起了自己的国家。

各民族在1918年通过实施自决权（在美国总统伍德罗·威尔逊于1918年1月发表声明后得到正式确定）自行进行的所有重大变革，都在1919—1920年的巴黎和会上得到各大国的正式承认。与奥地利、保加利亚和匈牙利签订的特别条约（分别于圣日耳曼、塞纳河畔讷伊、特里亚农签订）在国际层面上确定了罗马尼亚民族在1918年的决定，也就是确定了罗马尼亚新的疆域。只有缺席和会的苏维埃俄国（1922年成为苏联）不承认比萨拉比亚与罗马尼亚的统一，而西方各国均予以承认。

罗马尼亚人的统一是在各种困难且复杂的条件下实现的，符合某

———————

① 《罗马尼亚人的1918年》，第十卷，布加勒斯特，1989年，第290—292页。

种历史正义的精神。一些人常说，罗马尼亚人在战争中打的仗不多，只有两年（1916—1918年），也没有面临冲突的巨大挑战，他们单独缔结了和平（1918年5月），并找准时机重新加入了协约国，尽管如此，他们仍然在1918—1920年期间轻松获得了他们想要的一切，甚至得到了更多。这些论断是仓促的、非历史的，而且往往是怀有恶意的。首先，必须说明的是，罗马尼亚人在整个战争期间都在战斗，甚至超过了战争正式持续的时间。自1914年夏季以来，超过一半的罗马尼亚人参加了战争，即那些生活在奥匈帝国、沙皇俄国和奥斯曼帝国统治下的数百万罗马尼亚人，以及那些为外国事业牺牲的罗马尼亚人，他们向往自由，期待即将到来的罗马尼亚，然而其中许多人没能等到这一天。其次，虽然对于大多数参战国来说，战争于1918年11月已经结束，但罗马尼亚人却一直战斗到了1919年，进行了匈牙利战役，以阻止威胁要征服欧洲的布尔什维克和苏维埃意识形态。

至于第一次世界大战期间的军事胜利，我们必须接受一个事实，就是命运相对偶然地将这些胜利分离开来，而且往往当一个事业似乎要失败时，事情就随之改变了。罗马尼亚人在1916年遭受了失败，原因是自身的弱点，同时也因为盟友们没有履行应承担的义务。然而，罗马尼亚人在1917年夏季重整旗鼓，当时没有人抱有希望，但最强大的德国军队在默勒什蒂、默勒谢什蒂和奥伊图兹被击败了。单独的和平是在特殊条件下缔结的，罗马尼亚在地区内的主要盟友——俄国，抛弃了罗马尼亚，任其由敌人摆布，这一情况在战争开始时是不可能预见到的。罗马尼亚与法国、英国和俄国结成了联盟，而罗马尼亚主要寄希望于俄国，这不是因为政治，而是因为地理，俄国在地缘战略上更接近罗马尼亚。当情况不再如此，且西方大国们无法取代俄国的作用时，罗马尼亚不得不靠自己生存。而在后来条件允许的情况下，罗马尼亚又重新与传统盟友站在了一起。因此，如果罗马尼亚在第一次世界大战期间没有采取任何特别的措施，那么在这场可怕的冲突结束时，其也不会从特别的回报中受益。已经解体的各帝国中的罗马尼亚人与他们的祖国统一是一件顺理成章的事情，是事物的自然规律，波兰人、捷克人、斯洛伐克人、立陶宛人、拉脱维亚人和爱沙尼亚人以及其他许多民族都遵循了这种规律。然而，1918—1920年以后，欧洲的结构并不是一种理想的结构，也不是每个人都喜欢的。

1918年以后，中欧新的政治领土格局为民族的发展创造了有利条件，但也埋下了误解和矛盾的种子，并随着修正主义的加剧而愈演愈烈。整个民族，特别是在战争中遭受创伤的德国人、匈牙利人和奥地利人，在民族主义组织有序的宣传下，逐渐相信他们是战胜国的牺牲品，他们失去了不该失去的"历史"领土，必须收回。因此，一股新的思潮诞生了，要求废除第一次世界大战后的"不平等"条约并对其进行修订，这就是"修正主义"一词的根源。但无论如何，各大国在1919—1920年确立欧洲新结构时，考虑到了人民的意愿，而不仅仅是自己的利益，这是历史上第一次。虽然这远未达到完美，但由少数民族不惜一切代价占据统治地位并让所有民族屈从的国家已不复存在了。

第五章
两次世界大战之间的罗马尼亚

　　1918年之后，尽管战争、传染病、未来的不确定性和极度贫困造成了一系列严重的危机，但罗马尼亚人还是度过了一段特别幸福的时期。整个国家此时就像一个同心圆，几乎所有的罗马尼亚人都被囊括在其中。当然，仍有一部分罗马尼亚人族群留在了德涅斯特河以东的地区、蒂萨河以北的马拉穆列什、匈牙利、塞尔维亚的巴纳特地区、塞尔维亚—克罗地亚—斯洛文尼亚王国①的其他地区、保加利亚以及巴尔干地区（阿罗马尼亚人、梅格林罗马尼亚人、伊斯特里亚罗马尼亚人），但凡事不可能都完全实现，1918年民族国家的建立无论如何都是一项非凡的成就。而在罗马尼亚，不仅生活着罗马尼亚人，还有超过四分之一的人口是少数民族（匈牙利人占8%，德意志人占4%，犹太人占4%，还有斯拉夫人、亚美尼亚人、土耳其—鞑靼人、罗姆人或茨冈人、希腊人等），然而遗憾的是，边界不能按照民族群体不同的聚居区来划定。不管怎样，这与1918年之前的情况全然不同，那时大帝国统治着人民，统治着全部民族或部分民族，这些民族被置于屈从和屈辱的境地。然而，在整个中欧和东南欧，少数民族问题仍然备受关注，统一的罗马尼亚并不总能找到最合适的方法来解决这些问题以及以最正确和最民主的方式来管理新并入的各省。一些省份（例如比萨拉比亚）由于国家机关的无能、官员任用不当、对地方的具体情况缺乏了解等种种原

---

① 译者注：即南斯拉夫王国。

因，仍然处于严重落后和管理不善的状态。

1918年，罗马尼亚的国土面积不足30万平方公里（大约相当于意大利的面积），人口为1600万。大多数人已准备为创造更美好的未来做出巨大牺牲，尽管他们不一定知道该如何去创造。罗马尼亚经历了20年空前的文化繁荣，民族理想的实现产生了有益的效果，与欧洲和世界的思想运动同步，出现了一些现代艺术学派和潮流，也涌现出一批优秀的创作者，例如卢奇安·布拉加（哲学与文学）、尼古拉·约尔加（历史与文化）、乔治·克利内斯库（历史与文学评论）、乔治·埃内斯库（音乐）、图多尔·阿尔盖济（诗歌）、康斯坦丁·布伦库希（雕塑）、卡米尔·彼得雷斯库（文学）以及其他一些人。然而回顾过去，我们发现当时很少有罗马尼亚人意识到这种繁荣。大多数人是在与随后的黯淡相比较中才意识到当年的辉煌。

第一节　行政、经济与社会

1918年后，罗马尼亚王国内部的统一和一体化进程步履维艰。当时与罗马尼亚统一的各历史省份本就来自不同的国家，发展水平不同，法律体系各异，地区行政单位也与罗马尼亚的不相适应。例如，统一之初，罗马尼亚市场上至少流通着5种货币：罗马尼亚旧列伊、德国占领时发行的列伊、匈牙利弗罗林、俄国卢布、保加利亚纸币等。所有外币必须逐步废止。此外还亟须制定一部统一行政的法律（制定于1925年），废除俄国、匈牙利或奥地利旧的体制，以建立罗马尼亚的地区组织形式。

行政统一法节选（1925年6月14日）：

第一章

王国的地区划分。地方行政和选举机关。监督机构。

第一条　罗马尼亚的行政地区划分为县，县划分为镇。

第二条　镇分为城镇和乡镇……

第九条　镇和县均为法人。

其有权处理一切有关地方利益的事务，在法律范围内行使这些职权并承担相关责任。

如果镇和县没有资金用于支付，则其不负责必要开支。

第十条　镇和县通过委员会对地方利益进行管理，委员会由合法选举的委员组成，县首府所在的镇必须拥有女性委员，其他城镇中则不强制要求。

这些委员会有义务在其法定权限范围内，按照中央政府的命令采取符合普遍利益的措施。

第十一条　镇长是镇级行政机构的首脑。镇长执行委员会以及镇常驻代表团的所有决定，并与该代表团共同监督镇级行政机构的运行状况。

县长是县级行政机构的首脑。

县长以此身份执行委员会和县代表团的所有决定，并与代表团共同监督县以及辖下镇（除大城市以外）的行政机构。

第十二条　除本法规定了形式及保障的情况以外，镇、县委员会作出的决定不得中止或废止。

第十三条　内务部长指导、协调、监督镇和县的活动，使其与国家的普遍利益保持一致。高级行政委员会对内务部长予以协助。

该委员会的组成、职权和运作形式将由一项特别法律决定。

第十四条　县长是全县中心权力的代表。

县长直接或通过副县长、区行政长官、警察署长和文书行使职权。

县长、副县长、区行政长官、警察署长和文书有义务协助执行镇、县委员会以及常驻代表团的决定。

第十五条 内务部长可委托高级行政委员会成员及行政总监察长对地方行政机构及其代表的活动进行监督和检查。

第十六条 一个县辖下的所有镇在行政上直接隶属于县当局,大城市除外,其直接隶属于内务部。

县在行政上同样直接隶属于内务部。①

经济的复苏、协调和发展同样困难重重,直到1924年才恢复到了战前的生产水平,随后经济出现了充满希望的复苏,但在1929—1933年期间被影响整个社会的世界经济大危机突然打断。这场危机对仍然以食品和原材料生产为基础的罗马尼亚社会造成了沉重打击。随后出现了一个新的发展阶段,但在1939年后因战争准备也停止了。此时的经济具有农业与工业的特征。农业发展良好,特别是在1921年实行土地改革之后,土地改革是绝对必要的,其原因有很多,一个原因是大地产土地制度的遗留,几乎所有大帝国崩溃后产生的国家都存在这种情况,而大地产主要属于占统治地位的少数民族(匈牙利人、德意志人)或地方贵族。总体上看,超过100公顷耕地的地产都被没收,但也有例外和地区差异。土地改革之后,大约600万公顷的土地(约占大地主土地的三分之二)分给农民,且无须由农民赔偿。近150万农民家庭从改革中受益。在特兰西瓦尼亚,由国家授予土地产权的人中,有37%是除了罗马尼亚人以外的其他民族。这是一战后整个中欧和东南欧最深入、最民主

---

① C. 哈曼久,《罗马尼亚总法典,新统一法,1922—1926年》,第11—12卷,布加勒斯特,1926年,第338—403页。

的土地改革。

罗马尼亚煤炭、原油、金属产量增加，新的工业部门得到发展，生产出了合成橡胶、爆炸材料、化妆品、起重机、机车、车厢、公共汽车、飞机等。1926年，第一条国内航线开通，1928年，第一批广播节目通过无线电开播。1927年，第一台现代电话总机投入使用，罗马尼亚很快就拥有了欧洲最先进的电话网络。新的现代化道路建成，港口发展起来，船队和铁路也得到扩大。出口增加，特别是对法国和英国的出口。而外国资本，特别是英国、法国和美国的资本，为经济增长作出了贡献。在1938—1940年期间，罗马尼亚资本首次在海外（南斯拉夫、捷克斯洛伐克、保加利亚）进行了尝试性投资。当然，这些变化给一部分人口带来了繁荣，但却无法消除大多数罗马尼亚人一贫如洗和缺衣少食的状态。的确，一些罗马尼亚人当时不知道如何比较自己的境遇，所以并没有意识到他们的生活状况如何。但即便如此，当时的人均收入一度超过110美元，高于土耳其、波兰、匈牙利、希腊、南斯拉夫以及保加利亚。布加勒斯特也于20世纪30年代成为地区内最现代化的城市之一，被誉为"小巴黎"。

第二节　对内政策

国家治理困难重重，有赖于许多逐步实施的改革和法律。1923年，一部新宪法投票通过，其中规定了统一民族国家的构成以及国内发生的民主变革。与1866年的宪法相比，新宪法扩大了民主权利和自由，即规定了普遍、平等、直接和无记名的选举权（适用于所有21岁以上的男性），并确保了少数民族以及宗教或教派的权利。与其他国家一样，宪法和法律有时会被践踏，这使民主运行出现重大缺陷，当然还会引发社会抗议。宪法规定权力来自民族，两院制议会代表国家。各部长在议会面前对自己的行为负责，议会由众议员和参议员（即两院——众议院和参议院的成员）、参加选举的政党成员以及若干名合法参议员组成。

1923年《罗马尼亚宪法》节选：

第三章

国家权力

……第三十三条　国家的一切权力来自民族，民族只能通过委托并遵循本宪法规定的原则和准则行使这些权力。

第三十四条　立法权由国王和议会共同行使。

议会分为两院：

参议院和众议院。

任何法律都需要三个立法部门的批准。

任何法律都需要经过两院多数议员自由讨论和投票之后方可提交国王批准。

第三十五条　三个立法部门各自都拥有法律的创议权。

但是，任何有关国家收支或军队征兵的法律必须首先由众议院表决。

第三十六条　只有立法机关有权对法律进行权威解释。

第三十七条　两院表决通过的法律将由司法部予以颁布，司法部将保存所表决法律的一份正本，第二份正本由国家档案馆保存。

司法部同时负责保管国家大印……

第三十九条　行政权委托于国王，国王通过宪法有序行使权力。

第四十条　司法权由司法机构行使。

司法机构的决定依法宣布,并以国王的名义执行……(1923年3月29日《第282号官方通报》)

主要政党有国家自由党和国家农民党。这两个政党主导着罗马尼亚的政治舞台。保守党虽然由一些有声望的人物领导,例如塔卡·约内斯库,但其最终解体并从政治生活中消失,特别是在1921年那场废除了大地产的土地改革之后。国家自由党是罗马尼亚最强大的政党,代表着罗马尼亚工业和金融资本的利益,其领导者主要是布勒蒂亚努家族(由扬·康斯坦丁·布勒蒂亚努领导至1927年),还有扬·格奥尔基·杜卡和格奥尔基·特特勒斯库。国家农民党(PNȚ)成立于1926年,由特兰西瓦尼亚的罗马尼亚民族党和旧王国的农民党合并而成,然而这两股政治势力并不完全相容,一体化十分困难,且从未完全实现。尽管如此,两党地缘基础的不同(农民党的选民来自旧王国,而罗马尼亚民族党的选民来自特兰西瓦尼亚、巴纳特、克里沙纳和马拉穆列什)仍使合并后的新政党成为一个全国性的政党,代表着农民、中等农场主以及中小资产阶级的利益,由尤柳·马纽和扬·米哈拉凯领导。

国家自由党纲领(1922年):

……我们将全力以赴巩固民族团结。

我们将为整个罗马尼亚制定一部预想的宪法。

我们将奉行社会公正的政策,为健康的民主确保必需的安定,以发展通过普选取得的成果。

我们将为农民完成土地改革,并关注农民物质、文化以及道德状况的改善。

我们将努力改善城市中工人的处境,并根据工人的明显需求为他们立法。

我们将不遗余力地恢复国家根据其财富和传统应有的财政状况。

我们将通过节约消除公共资金的浪费，通过全面修订已实施的税收制度来谋求恢复预算平衡。

我们将减少和取消并非国家真正需要的税赋。

我们将奉行扩大生产和便利出口的经济政策，从而促进整个国民经济的繁荣，以此实现生活成本的降低。

我们所有的努力都将致力于建立一个良好和诚信的政府。国家、县和镇都必须认真进行管理，并为公共利益服务。

我们将采取强有力的措施打击所有已给国家造成巨大物质和精神损失的不法行为。

我们将确保大罗马尼亚的所有公民，不分种族、语言和宗教，享有他们应得的文化和宗教权利。

最后，我们将通过巩固国内局势，通过和平与自尊的对外政策，寻求恢复罗马尼亚在国际上的声誉。①

国家农民党纲领（1926年）：

七、经济规划

……通过在自然基础之上使经济生活的运行条件正常化，力求扩大国家的生产。

国家的主要产业是农业，农业繁荣的利益不会从属于强制和虚伪的工业主义的利益……

---

① 波格丹·穆尔杰斯库主编，《文本中的罗马尼亚史》，布加勒斯特，2001年，第297页。

保护农民财产和提高农业生产

将制定一部系统的法典，其中将规定一切必要措施，在最大程度上保护农民财产，并在总体上提高农业生产。

通过这部农业法典，在一段过渡和保护期后，农民土地的自由流通将得到确保，以自然挑选出可靠的耕种者。

一方面要防止农村财产的分散，另一方面也要防止农村财产的重新积累。

将筹划一项农村贷款……

将根据农户自主，安排合作化生产，旨在使农产品具有价值，并为农户购买所需的机器和工具。

将建立国家服务机构，通过示范农场和其他场所，负责种子的培育和牛品种的改良……

十一、外国资本的合作

需要外国资本来恢复经济，以及增加国家的部分财富。

吸引外资以充实国家财富，这需要特定的条件，这些条件是战后时期所缺乏的，即：建立宪法规定的国内秩序以及完善的法制制度；在法律和管理上平等对待外国资本和罗马尼亚资本；法定经济制度的稳定性以及国家和个人对法定范围内签订合同的严格遵守。

十二、工人政策

工人政策的出发点将是对专业协会（工会）的真诚承认，赋予其法人资格，使其成为劳资关系的中间机构。调解和仲裁机构以及劳动局将促进劳资间正常关系的发展……

在一些自主机构的基础上，通过工人、雇主与国家的合作，针对

疾病、事故、残疾和老龄建立一套完整的工人保险制度……①

较小的政党有：由伟大的历史学家尼古拉·约尔加领导的民主民族主义党、由亚历山德鲁·阿韦雷斯库将军（后晋升为元帅）领导的人民联盟以及几个少数民族政党，其中最重要的是两个匈牙利族政党、两个德意志族政党以及两个犹太族政党。社会党和社会民主党在两次世界大战期间分裂，但产业工人最重要的代表是社会民主党（PSD）。极左势力是罗马尼亚共产党，实际上是莫斯科共产国际的一个分支，成立于1921年，没有群众基础，将罗马尼亚视为"帝国主义国家"，并致力于瓦解罗马尼亚。该党于1924年被取缔。由于共产国际的政策以及该党在罗马尼亚的拥护者很少，因此该党的领导人都不是罗马尼亚人。这个小团体被罗马尼亚社会视为一个海外的、异国的以及反罗马尼亚的团体。极右势力是米哈伊尔大天使军团，成立于1927年，即后来的铁卫队或铁卫队运动。该党成立之初吸引了一批对现状不满、希望罗马尼亚迅速变革的青年学子，以及一些著名知识分子，他们渴望使国家焕然一新，重振以往失去的精神，建设一个更公正的社会。随着时间的推移，他们中的大多数人对运动感到失望，一些人也与之疏远。该组织由科尔内留·泽莱亚·科德雷亚努和霍里亚·西马领导。铁卫队以反共产主义、反犹主义为口号，批判民主与议会政治纷争，要求"以死亡取得净化"，并实行政治恐怖，经常绕过司法诉诸犯罪。在大多数罗马尼亚知识分子眼中，这些不民主的手段损害了铁卫队。1933年，铁卫队被取缔，但在1935年又以另一个名字重新登上了政治舞台。他们杀害了数十名政客，其中还包括两名在任的总理。

---

① 波格丹·穆尔杰斯库主编，《文本中的罗马尼亚史》，布加勒斯特，2001年，第297—298页。

除了少数例外情况，执政的一般是自由党和农民党，这是因为选举法有利于大党。在两次世界大战之间的第一个10年，经过一些将军领导的政府后，国家自由党上台执政。1929—1933年的经济大危机时期，八届政府先后执政，其中七届由国家农民党领导。1934—1937年，国家自由党再次上台，由格奥尔基·特特勒斯库领导。罗马尼亚的君主制是政治生活的一个平衡因素，至少在1927年斐迪南一世去世之前是这样。由于王储卡罗尔二世放弃了王位继承权，1927—1930年发生了"王朝危机"，形成了为期三年的摄政期（新国王米哈伊一世未成年），由卡罗尔的弟弟尼古拉王子、牧首米隆·克里斯泰亚和最高法院院长格奥尔基·布兹杜冈共同摄政。1930年，卡罗尔二世重返罗马尼亚并接过王位，领导罗马尼亚直至1940年，但为了建立个人权力，他试图统治甚至危害政党，并在1938—1940年间成功实现。总的来说，在两次世界大战之间的罗马尼亚，虽然民主原则经常被践踏，但民主体制仍然得以运行。卡罗尔二世的专制体制废除了民主宪法（1923年的宪法），解散了政党，采取了限制自由的立法措施，成为即将建立的军事独裁的先兆。这个体制最初是个人专制，在其后几个月内变为非军事独裁。

关于两次世界大战之间罗马尼亚的治理模式已有很多论述，并且出现了两种截然相反甚至极端的观点，这也是经常发生的。其中一个观点认为罗马尼亚已经建立了一个真正的民主体制，罗马尼亚也得以在所有领域都达到了发展的巅峰，如果这个概念没有受到尼古拉·齐奥塞斯库共产主义政权的危及，那么一些积极的评论家会将这一时期称为"黄金时代"。另一个观点则恰恰相反，认为罗马尼亚管理不善、腐败盛行，误判了改革，实行了错误的经济、社会和国家政策，民主也几乎完全缺失。这两个极端都源于非历史的观念，没有考虑到专业研究的严谨性、公认的方法论、过程的历史性，也没有考虑到不能要求生活在过去的人们拥有当今我们的严格性和视野。在对我们两次世界大战之间社会的批评中，有两点值得考虑，因为其表达了清晰而准确的现实。第一点是，罗马尼亚政府实行的中央集权制度，源于1923年宪法赋予罗马尼亚的统一民族国家的性质，该制度是完全有害的，严重损害了民主体制，损害了不同历史省份的运转，损害了少数民族的权利。这个观点中包含着所有真相，我们必须将自己置于这个时代，并理解大统一之后彻底改变国家的唯一可行且适用的解决方案，该方案旨在实现完全统一并参照法国模式进行中央集权。在邻国正式宣布寻求解体的情况下，罗马尼亚不能成为一个联邦或权力下放的国家。第二点是，有人认为罗马尼亚是一个非民主国家，本质上是反犹太主义的，并且有完全压制少数民族存在的倾向。的确，两次世界大战之间，罗马尼亚的民主是一种特有的民主，但其必须与当时欧洲，尤其是与中东欧和东南欧发生的情况相比，而不是与美国或英国发生的事情相比。如果我们盘点欧洲国家早期运行的独裁体制、专制制度、强权制度或带有法西斯色彩的制度，我们会发现这些制度分别建立于1917年的俄国、1918年的保加利亚、1919至1920年的匈牙利、1922年的意大利、1926年的葡萄牙、1929年的南斯拉夫以及1933年的德国（也存在于其他地方），而不是建立于罗马尼亚。在罗马尼亚，这种制度直到1938年才在卡罗尔二世的统治下开始形成。此外，各种形式的极权政府和法西斯政府很早就在两次世界大战之间的欧洲明确出现。在罗马尼亚，这种类型的政府实际上只在1940年9月至1941年1月期间运行，然后由军政府（战争期间轴心国的盟友）延长。也就是说，铁卫队在罗马尼亚的统治时间还不到半年。显然，这并不意味着他们的罪行变得不那么令人发指，或者罗马尼亚国家的反犹政策变得温和且可以原谅。独裁仍然是独裁，罪行仍然是罪行，大屠杀仍然是人类的巨大耻辱，是犹太人所经历的独一悲剧。罗马尼亚参与了所有这些过程。与其他罪行相比，罗马尼亚的罪行必须成立，否则我们会抽象地和道德地进行讨论，我们会成为破碎的现实。两次世界大战之间的罗马尼亚并没有以理想的模式进行治理，但也没有以可憎的模式进行治理。治理中的一些错误也是由于人类固有的愚蠢，并非所有错误都是有预谋的，也并非所有错误都源于罗马尼亚人的腐败或他们对权力的渴望。因此，我们提出了一些现实的判断，而不是一些过于严苛或过分粉饰的判断，这些判断来自历史真相，来自可能和可接近的人类真相。

第三节 对外政策

1919—1940年间，罗马尼亚是中欧和东南欧国际生活中的活跃分子。罗马尼亚大体上在寻求捍卫第一次世界大战后欧洲大陆形成的稳定与秩序，维护和平与安全以及该地区的睦邻关系。1918年之后对外政策的第一个主要目标是各大国和所有邻国都承认比萨拉比亚、布科维纳和特兰西瓦尼亚与罗马尼亚统一后所形成的国界。在基希讷乌、切尔诺夫策和阿尔巴尤利亚作出决定后，为了使1918年的局面合法化，新的罗马尼亚需要得到各大国以及邻国的同意，而这也通过巴黎和会在1919—1920年期间基本上得以实现。对外政策的另一个目标是延续与法国和英国的传统联盟和友谊路线，并加强与美国的关系。在中欧和巴尔干，罗马尼亚寻求在更广泛的集体安全框架（由法国的外交支持）内建立联盟体系，旨在预防冲突、避免侵略，并防止1919—1920年的条约被修订。捷克斯洛伐克、南斯拉夫、波兰、希腊等国也遵循同样的路线。匈牙利和保加利亚在德国和意大利政策的支持下，选择了修改条约，并最终引发新的冲突。尤其是在匈牙利，"特里亚农悲剧[①]"被视为历史性的灾难，使其失去了"三分之二的领土和人口"，所以必须不惜一切代价废除相关条约。因此，匈牙利是主要的修正主义国家，其政策针对罗马尼亚，也针对其他邻国。为了防止来自匈牙利的进攻，1921年，罗马尼亚、捷克斯洛伐克和南斯拉夫缔结了名为"小协议国"或"小协约国"的防御联盟。

1921年罗马尼亚、捷克斯洛伐克与塞尔维亚—克罗地亚—斯洛文尼亚王国签订的《小协议》（罗马尼亚王国和捷克斯洛伐克共和国于1921年4月22日签订的防御联盟协议的示例）：

坚决维护以巨大牺牲为代价实现的和平，维护国际联盟盟约所规定的和平，维护1920年6月4日协约国与匈牙利于特里亚农签订之条约所确立的秩序，捷克斯洛伐克共和国总统和罗马尼亚国王陛下同意缔结一项防御协议，并为此任命了其全权代表，双方代表奉全权之命互相校阅，内容妥善恰当，一致同意以下条款：

第一条 如果匈牙利无端攻击缔约国中的一方，另一方则必须以本协议第二条规定的方式援助被攻击方。

第二条 捷克斯洛伐克共和国和罗马尼亚王国的主管机关一致同意，通过之后即将缔结的军事协议，制定实施本协议所必需的措施。

第三条 未经另一方事先同意，缔约的任何一方不得与第三方结盟。

第四条 为了协调和平努力，两国政府必须就与匈牙利关系相关

[①] 译者注：第一次世界大战结束后匈牙利作为战败国签订了《特里亚农条约》，失去了大片领土。

的对外政策问题进行磋商。

第五条　本协议自交换批准书之日起两年内有效。在此期限届满时，双方均可宣布本协议失效。

本协议在宣布失效之日起6个月内继续有效。

第六条　本协议将根据盟约通知国际联盟。

第七条　本协议将尽快批准并在布加勒斯特交换批准书。（1921年6月11日《第53号官方通报》）

同样是为了保卫和平，1934年，罗马尼亚、南斯拉夫、希腊和土耳其缔结了《巴尔干公约》。在所有邻国中，罗马尼亚与匈牙利和苏联的关系几乎处于持久的紧张之中。与匈牙利关系紧张，是因为该国的修正主义政策及其不择手段收回特兰西瓦尼亚的企图；与苏联关系紧张，则是由于该国拒绝承认比萨拉比亚与罗马尼亚的统一以及两国在德涅斯特河的边界，而向罗马尼亚发起挑战的东方共产主义极权制度已成为持久的威胁。尽管如此，经过艰难的努力，两国仍然在1934年建立了外交关系。

罗马尼亚是国际联盟的创始成员国，国际联盟于1919—1920年成立，总部位于日内瓦，其宗旨是捍卫和平与安全、防止新的战争。在20世纪30年代初，罗马尼亚外交部长尼古拉·蒂图列斯库两次当选为联盟主席，这也证明了他本人以及罗马尼亚的威望。根据他在19世纪20年代制定的原则："当和平受到威胁时，不以战争回应，而以组织和平来回应"，他坚信外交的力量。他对法西斯制度的诞生和加强、前期的侵略和战争准备深感失望。罗马尼亚谴责30年代的所有侵略（一些国家，特别是德国对其他国家的侵略）——从德国吞并鲁尔到瓜分捷克斯洛伐克、占领奥地利和袭击波兰。罗马尼亚直到1940年仍然与法国和英国保持着传统的联盟路线，而1940年后所有西方的保证（法国和英国关于保卫罗马尼亚的保证）都已无济于事。罗马尼亚也在1940年经历了其历史上最大的悲剧之一：

（1）受到入侵的威胁，在未经抵抗的情况下不得不将比萨拉比亚、北布科维纳以及赫尔察地区割让给苏联，而其中后两个地区从未属于俄国（1940年6月28日）；

（2）在德国和意大利的强迫下，经过维也纳仲裁裁决（被视为是强制性的，因为这是通过施压和威胁强加的），不得不将特兰西瓦尼亚东北部割让给匈牙利，即超过4万平方公里的土地以及超过250万名的居民，其中一半以上是罗马尼亚人，而匈牙利人只占少数（1940年8月30日）；

（3）在希特勒的支持下，罗马尼亚将南多布罗加（即卡德里拉泰尔）割让给保加利亚（1940年9月）。

在历史上的那些艰难时刻中，尽管已加入了集体安全体系，但罗马尼亚在敌人面前仍孤军奋战。在各个邻国中，苏联是公开的敌人，匈牙利和保加利亚也一样，这两国还是德国的盟友。捷克斯洛伐克和波兰已被德国占领并摧毁。法国已经投降，英国正遭受攻击。而在1939年，希特勒和斯大林之间签订了互不侵犯条约（又称《莫洛托夫—里宾特洛甫条约》，以两位外交部长的名字命名）。通过这项条约，两个超级大国凌驾于人民和小国之上，携手将欧洲瓜分。

《苏德互不侵犯条约秘密附加议定书》（1939年8月23日）：

在德意志国和苏维埃社会主义共和国联盟签署互不侵犯条约之际，双方之全权签署代表在严格保密的会谈中讨论了划定各自在东欧的利益范围问题。会谈达成以下成果：

1. 一旦波罗的海国家（芬兰、爱沙尼亚、拉脱维亚、立陶宛）所属领土发生领土和政治变动，立陶宛北部边界将成为德国和苏联利益范围的界限。

与此相关，双方均承认立陶宛关于维尔诺领土的利益。

2. 在属于波兰国家的领土发生领土和政治变动的情况下，德国和苏联的利益范围将大致以纳雷夫河、维斯瓦河和桑河一线为界。

为了双方的利益，是否保持一个独立的波兰国家以及该国的边界将如何划定的问题只能在随后的政治事件过程中得到最终解决。

无论如何，两国政府将通过友好协议来解决这个问题。

3. 在东南欧方面，苏联强调其在比萨拉比亚的利益，德国方面宣布对这些领土完全不感兴趣。

4. 本议定书将被双方视为最高机密。

1939年8月23日

德意志国政府

约阿希姆·冯·里宾特洛甫

苏维埃社会主义共和国联盟政府全权代表

维亚切斯拉夫·米哈伊洛维奇·莫洛托夫[①]

1940年6月26日，苏联政府关于将比萨拉比亚和北布科维纳并入苏联的最后通牒：

1918年，罗马尼亚乘俄国军队虚弱之际，从苏联（俄国）夺走了部分领土，即比萨拉比亚，从而破坏了主要由乌克兰人居住的比萨拉比亚

[①] 《莫洛托夫—里宾特洛甫条约及其对比萨拉比亚的影响》，基希讷乌，1991年，第5—7页。

与乌克兰苏维埃共和国百年的统一。苏联从未接受比萨拉比亚被强行夺走的事实,苏联政府就此也不止一次向全世界公开声明。目前,苏联军队的虚弱已经成为过去,新的国际局势要求迅速解决历史遗留问题,并最终为国家间的和平奠定坚实的基础。苏联认为,为了还原真相而与罗马尼亚一道立即解决比萨拉比亚归还苏联的问题是必要且适时的。

苏联政府认为,比萨拉比亚的回归问题与向苏联移交部分布科维纳的问题是有机联系在一起的,那部分地区的绝大多数人口因历史命运的共同性、语言及民族构成的共同性与乌克兰有着紧密联系。将北布科维纳移交给苏联是一种公平的行为,这实际上只是一种微不足道的弥补手段,以补偿罗马尼亚对比萨拉比22年的统治给苏联和比萨拉比亚人民造成的巨大损失。

苏联政府向罗马尼亚王国政府提议:

1. 不惜一切代价将比萨拉比亚归还苏联;
2. 根据所附地图之边界将北布科维纳移交给苏联。

苏联政府希望罗马尼亚政府能够接受苏联提出的建议,这将使苏联与罗马尼亚之间旷日持久的冲突有望得到和平解决。

苏联政府等待罗马尼亚王国政府于6月27日答复。[1]

罗马尼亚王国政府曾尝试与苏联进行谈判,但没能成功,最终被迫屈服于强大的共产主义邻国前所未有的压力。镇压在领土割让后立即开始,任何不服从的行为都将被判处监禁、驱逐出境甚至死刑。然而,将比萨拉比亚、北布科维纳和赫尔察地区割让给苏联只是悲剧的开始。随后,在意大利和德国的支持下,匈牙利对特兰西瓦尼亚和西部地区的

---

[1] A.维亚努,C.布谢,Z.扎姆菲尔,Gh.伯德斯库,《文本和文献中的国际关系》,第二卷(1939—1945年),1976年,第49—52页。

领土要求日益强烈。罗马尼亚提议两国之间进行人口互换的谈判也没有取得任何结果。最终,德国和意大利迫使罗马尼亚将争议领土的近一半割让给匈牙利,其中超过50%的人口是罗马尼亚民族。外交部长米哈伊尔·马诺伊列斯库在1940年8月29日给布加勒斯特的电报表明,在维也纳作出的决定是德国和意大利早有预谋,并强加给罗马尼亚的。在这位罗马尼亚高官看来,这份文件中的一切"就像预先写好的剧本,一个字、一个手势都不能改变"。

维也纳仲裁裁决节选(1940年8月30日):

1. 将罗马尼亚与匈牙利隔开的边境的最终路线将与所附地理地图所标出的路线相对应。一个罗马尼亚—匈牙利委员会将在现场确定路线的细节。

2. 划给匈牙利的罗马尼亚领土应在15天内由罗马尼亚军队撤空并有序移交给匈牙利。撤空和进驻的不同阶段及方式将由罗马尼亚—匈牙利委员会确定。匈牙利和罗马尼亚政府将确保撤空和进驻工作的有序进行。

3. 当日位于罗马尼亚割让领土上的所有罗马尼亚臣民,无须其他手续即可获得匈牙利国籍。他们也将有权在6个月内选择罗马尼亚国籍,行使此项权利的人将在一年的附加期限内离开匈牙利领土,并由罗马尼亚接收。

他们将能够不受任何限制地带走他们的动产,清算不动产,直到离开的那一刻,可以随身携带最终所得。如果未能清算成功,这些人将得到匈牙利的补偿。匈牙利将以广泛和包容的方式解决所有与移居选择者①相关的问题。

4. 居住在匈牙利于1919年割让给罗马尼亚且仍属于罗马尼亚的那部分领土上的匈牙利族罗马尼亚臣民，有权在6个月内选择匈牙利国籍。第三款规定的原则同样适用于行使此项权利的人。

5. 匈牙利政府郑重承诺，根据上述仲裁结果获得匈牙利国籍的罗马尼亚族人，和其他匈牙利臣民一样，将被完全接纳。另一方面，罗马尼亚政府对继续留在罗马尼亚领土上的匈牙利族臣民做出同样的庄严承诺。

6. 主权移交的相关细节将由罗马尼亚政府和匈牙利政府之间的直接协议进行规定。

7. 如在本仲裁执行过程中出现困难或疑问，罗马尼亚政府和匈牙利政府将直接进行沟通。如果就某个问题无法达成协议，则争议将提交给德国政府和意大利政府，由其决定最终解决方案。②

"裁决"文本中提到的所附的地图，并不是像罗马尼亚人所期望的那样对西边的边界进行"修正"，而是深深地撕裂了罗马尼亚和特兰西瓦尼亚，像一把匕首直接插到了布拉索夫附近。克卢日、奥拉迪亚、巴亚马雷、锡盖图、比斯特里察、讷瑟乌德、代日、盖尔拉、雷京、托普利察等城市以及包括罗马尼亚紧密乡村世界的整个历史地区都重新回到了匈牙利手中。刽子手们全然不顾罗马尼亚人在全国组织的大规模抗议活动，而西方的传统盟友则被压制和进攻，部分已被德国军队占领。

---

① 被迫位于匈牙利领土上的罗马尼亚公民，可在一定时期内选择保留罗马尼亚公民身份并移居到罗马尼亚领土上。
② 波格丹·穆尔杰斯库主编，《文本中的罗马尼亚史》，布加勒斯特，2001年，第335页。

维也纳仲裁罗马尼亚代表、外交部长米哈伊尔·马诺伊列斯库回忆道：

> 我首先注意到这是一张罗马尼亚地图。我北面朝下打开了它，这让我什么都看不懂。施密特帮我倒了过来。我的眼睛一直在寻找我们大家都期待的西部边境的分隔处。但我随后发现是另一个样子。我亲眼看到从奥拉迪亚开始向东的边界，滑到铁路线以下，我明白克卢日也被包含在内……我的视线逐渐模糊。当我发现边界一直往下，将塞库伊人集居地也纳了进去，我在绝望中还有一丝念想：布拉索夫！我稍稍松了口气：布拉索夫留给了我们。
>
> 当我惊恐万分地看着特兰西瓦尼亚的分裂时，我发现我那本已虚弱的力气荡然无存了。眼前的画面变得模糊，像是一团灰黄色的云、又由灰色变成黑色……
>
> 那一刻，我失去了知觉。
>
> 现在我第二次有了清晰的印象，我仿佛又回到了那里。有人为我要了一杯水。德恩贝格打开门，冲过挤满大厅的记者、外交官和官员的人群，喊道：一杯水，一杯水……[①]

罗马尼亚只有两种选择：抵抗后被德国吞并，或试图接近德国。这个事实从马诺伊列斯库部长的叙述中也可以得到印证："他们给我的选择如下：要么我们今天，最迟到午夜接受裁决，以便明天做出决定……要么我们不接受，明天我们就会遭到进攻，这将是罗马尼亚的末日！"尽管有尊严的解决办法是进行抵抗，但在大多数罗马尼亚政要眼

[①] 米哈伊尔·马诺伊列斯库，《回忆录——1940年7月至8月——维也纳仲裁裁决》，布加勒斯特，1991年，第212页。

中，罗马尼亚灭亡的前景是不可接受的。另一方面，德国更倾向于以"联盟"为幌子，间接占领罗马尼亚，以充分利用罗马尼亚的战略地理位置、人力以及经济力量。在割让给匈牙利的特兰西瓦尼亚部分地区，大多数罗马尼亚人受到恐怖统治，而犹太人最终被列入灭绝（屠杀）计划，约有12万人在德国人的集中营里丧生。

第六章
罗马尼亚与第二次世界大战
（1940—1945 年）

在德国及其盟国进行大规模侵略，特别是在法国沦陷之后（1940年6月），国王卡罗尔二世希望通过接近德国来保住他的王位以及国家的疆界。亲德国的政治势力上台，此前被取缔的铁卫队则受到召唤，向政府派驻第一批代表。1938—1940年间，和当时许多国家一样，罗马尼亚在婚姻、教育、就业和就职等方面立法采取了一些带有种族主义（反犹太主义）特征的措施，这不仅是出于意识形态的信念，也希望能赢得欧洲新主人的同情。但卡罗尔二世的个人专制制度和王位已无法挽救，尤其是1940年夏季大片领土被割让之后。按照欧洲大国的意愿，罗马尼亚顷刻间失去了近10万平方公里的土地以及大约600万居民。一切似乎都在分崩离析。

面对绝境，国王请扬·安东内斯库将军组建新政府，并赋予他全部权力。1940年9月6日，国王被迫退位并离开了罗马尼亚。新君主是年轻的国王米哈伊一世（1940—1947年在位），但真正的国家元首是安东内斯库。独裁制度与铁卫队联合，罗马尼亚宣布成为"民族铁卫队国家"。

宣布罗马尼亚国家成为民族铁卫队国家的王室法令（1940年9月14日）：

第一条　罗马尼亚国家成为民族铁卫队国家。

第二条　铁卫队运动是新国家唯一承认的运动，旨在提高罗马尼亚人民的道德和物质水平，并发展他们的创造力。

第三条　扬·安东内斯库将军是铁卫队国家的领导人和铁卫队制度的首脑。

第四条　霍里亚·西马先生是铁卫队运动的领袖。

第五条　自此最高法令颁布之日起，兄弟之间的任何斗争都将停止。（1940年9月14日《第214号官方通报》）

1940年11月，安东内斯库正式加入了《三国同盟条约》（德国、意大利、日本），这三国实际上已发动第二次世界大战。安东内斯库和铁卫队之间不得已的合作持续了近5个月。安东内斯库是国家元首，也是职业军人，是著名的圣西尔军校的优秀毕业生，他是一个守秩序的人，具有专业精神，同时还具有亲英法的传统。

当旧秩序崩溃之时，出于实际需要以及挽救国家的愿望，安东内斯库成了一个亲德国的人。而铁卫队具有民族沙文主义思想（仇恨外国人）和激进的无政府主义做法（违背社会秩序的行为），他们渴望报复，口号空洞，尤其渴望夺取一切权力，这很快就使安东内斯库怒不可遏。除此之外，铁卫队还杀害了数十位政客，包括前任部长和总理以及著名专家和学者，其中就有伟大的历史学家、前总理尼古拉·约尔加。在希特勒的支持下，安东内斯库将军利用铁卫队在1941年1月下旬为了独揽全部权力而发动的叛乱，将铁卫队赶下了台，并禁止他们聚集。铁卫队的叛乱主要针对犹太人，他们在1941年1月的那些日子里经历了一场真正的悲剧，数百人在没有犯任何罪的情况下丧生（"布加勒斯特大屠杀"）。最终，与其他国家不同的是，铁卫队与军队的联盟只领导了罗马尼亚5个月。自1941年起，罗马尼亚就一直是一个由军人和技术人员领导的极权独裁国家，但没有法西斯类型的政党执政。在国内，反犹太主义政策仍在继续，并夺去了许多人的生命，尽管罗马尼亚拒绝将国内的犹太人送到德国的灭绝集中营，并在1943—1944年期间采取了"犹太人问题"的解决方案，将他们移居至现在的以色列。但这并不能免除当时的罗马尼亚参与大屠杀（犹太人的悲剧）的罪责。

关于在教育中"改变犹太人处境"的法令（1940年10月11日），犹太人遭受歧视的证据：

第一条　犹太人可以在私立教育的法律范围内自由组建他们自己的小学和中学。

第二条　上一条规定的犹太学校只能由犹太人开办，并且只能由犹太学生就读。

第三条　父母为犹太人或父亲为犹太人的人，不论宗教信仰如何，都不得承担教学和行政工作，也不得被罗马尼亚小学、中学、公立或私立高等学校以及其他基督教民族的学校录取为学生。

在特殊情况下，国家教育、宗教和艺术部可允许这类人——父亲为信奉基督教的犹太人，母亲为信奉基督教的其他民族，并在两岁前已接受基督教洗礼，就可在基督教私立学校和职业学校中工作或就读。

私生子女跟随母亲的法律条件……

第五条　国家教育、宗教和艺术部将对符合本法令第三条规定的所有人员解除职务并开除。[1]

---

[1] 利娅·本亚明，《1940—1944年罗马尼亚的犹太人》，第一卷：《反犹太法》，布加勒斯特，1993年，第70—71页。

作为德国的盟友（还有意大利、匈牙利、保加利亚、芬兰等），罗马尼亚从1941年到1944年参与了对苏联的战争。战争伊始得到了民众的广泛支持，因为其表现为一场解放被共产党占领的罗马尼亚省份的战争，即比萨拉比亚、赫尔察和北布科维纳。

国家元首安东内斯库于1941年6月22日向军队下达的命令：

士兵们，

从我上台统治并为民族而战的第一天起，我就向你们保证将带领你们走向胜利。

让我从民族之书上擦掉耻辱的污点，消除你们额头和肩章上被欺凌的阴影。

今天，最神圣的战斗时刻已经来临，这是为祖先和教会的权利而战，为永恒的罗马尼亚家园和圣坛而战。

士兵们，

我命令你们：

越过普鲁特河。

消灭东面和北面的敌人。

将你们饱受践踏的兄弟从布尔什维克主义的红色枷锁中解救出来。

让比萨拉比亚人世代的故土和布科维纳大公的森林，让你们的田地和丘陵都回到祖国的怀中。

士兵们，

今天你们走上了斯特凡大公胜利的道路，以你们的牺牲来征服我们的祖先通过战斗所征服的一切。

前进吧！

自豪吧，时代让我们在此成为正义的守卫以及基督教城堡的屏障。

你们要配得上罗马尼亚的过去。

军队总司令扬·安东内斯库将军。（1941年6月22日《第145号官方通报》）

这些动员的话语在军队和舆论中产生了预期的效果，鼓舞了人心。但是德涅斯特河以东的战争并没有得到同样的支持。战线不断向东深入，导致了大量人员伤亡（约15万名士兵）和18万人被俘。德国与罗马尼亚在东部前线展开军事合作之初，比萨拉比亚、德涅斯特河沿岸和敖德萨地区的反犹太主义行动和种族主义行动就愈演愈烈，导致许多无辜的受害者死亡和受伤，其中包括数以千计的罗姆人（茨冈人），他们被流放到德涅斯特河沿岸并在非人道条件下被关押。

警方关于对流放罗姆人的态度和谣传的报告（1942年9月28日）：

最近把一些茨冈人从锡吉什瓦拉地区撤离到德涅斯特河沿岸的措施在那些留下来的人中引起了极大不满和担忧。他们抱怨说，该措施是为了"灭绝他们"，否则也不会在入冬时突然实施，特别是他们一贯对罗马尼亚表现忠诚。最为不满的显然是那些拥有房屋的茨冈人。他们中的一些人……开始出售自己的财产，既有动产也有不动产。萨斯人正在密切关注这个问题，以便购买正在出售的财产。

上述措施也引发了罗马尼亚民众的担忧，各种意见和评论层出不穷。在此情况下，一些团体认为该措施在旧王国会是合理且受欢迎的，但在阿尔迪亚尔，如果进行一次全民公决，则会表明该措施可能不利于民族利益……

谣言在罗马尼亚人中流传，人们担心如果所有茨冈人和犹太人都撤走，那么罗马尼亚人也可能会被撤到德涅斯特河沿岸。德国人将取代这些民族的位置，据说强制迁移这些民族的设想也受到了德国人的启发。①

米哈伊国王和民主政治领袖（尤柳·马纽、康斯坦丁·布勒蒂亚努等人）反对继续进行东面的战争，甚至反对与德国结盟，并多次向国家元首递交了请愿书。

尤柳·马纽和康斯坦丁·布勒蒂亚努致扬·安东内斯库元帅的信（1944年3月21日）：

元帅先生，

从战争一开始，我们就劝告过您关于罗马尼亚在世界冲突中必须保持的态度。

而您丝毫没有考虑我们的建议，您已对您所领导行动的政治后果承担全部责任。

时至今日，您必须明白，在战争造成巨大损失之后，我国正面临着无法再面对的危险。

被击败的德国军队再也无法帮助我们抵御苏联的入侵，而我们为阻挡入侵所能提供的支持将是完全不够的。与德国军队的进一步合作将白白牺牲我们剩余的军事力量，并会激起高歌猛进的布尔什维克军队进行肆意报复和破坏。

从现在开始，您为了在一次可能被视为盟军敌人的行动中团结我们的任何行为，都将是一个严重的错误。

---

① 波格丹·穆尔杰斯库主编，《文本中的罗马尼亚史》，布加勒斯特，2001年，第342页。

因为此时此刻，没有人可以对您造成的局面负责，所以也只能由您向德国人表明：您必须撤出我们仍在苏联作战的剩余部队；现在您已无法再给予他们军事援助；我国已处于非交战状态。另一方面，您要将您做出的决定传达给英国、苏联和美国盟友。

如果您做不到这些事情，那么您只能向国王陛下表明您不能再领导国家的政治，国王陛下须批准组建新政府，这至少可以部分挽回我们所处的局面，并且不会使国家面临新的复杂问题。

元帅先生，请您接受我们最崇高的敬意。

康斯坦丁·布勒蒂亚努、尤柳·马纽呈上。①

从1943年起，为了将罗马尼亚从与德国的联盟中脱离出来而进行的政治和外交行动以及国内就这一目标进行的抗议活动与日俱增。其中一些活动甚至是由安东内斯库（1941年晋升为元帅）和他的幕僚们秘密进行的，而更多的则是在米哈伊国王和历史上各政党的支持下进行的。最重要的谈判在伯尔尼、里斯本、马德里、斯德哥尔摩、安卡拉、开罗以及布加勒斯特举行。最终，罗马尼亚通过内部的武力行动退出了与德国的联盟，这不仅仅是一场政变。这场行动由国王和王室成员联合国家自由党、国家农民党、社会民主党、罗马尼亚共产党（PCR）和一些军队团体的代表共同策划。随着战争前线逼近罗马尼亚东部边界，事情进展得很快。于是，在"领导人"拒绝退出与德国的联盟之后，安东内斯库元帅和他的主要幕僚于1944年8月23日在王宫被逮捕。电台播放了国王向国家发表的声明，国王宣布组建新政府、罗马尼亚退出对同盟国的战争并与盟军一起参加对德国的作战、开始解放特兰西瓦尼亚

---

① 波格丹·穆尔杰斯库主编，《文本中的罗马尼亚史》，布加勒斯特，2001年，第346—347页。

的行动。

1944年8月23日，国王米哈伊一世向全国发表的声明：

罗马尼亚人民，

在我们历史上最艰难的时刻，我完全同意我人民的看法，只有一条路可以使国家免于彻底的灾难，那就是我们退出与轴心国的联盟并立即结束与同盟国的战争。

罗马尼亚人民，

一个全国性新联合政府的任务是实现我国与同盟国缔结和平的愿望。罗马尼亚接受了苏联、英国和美国提出的停战协定。从这一刻起，对苏军的作战和任何敌对行为，以及与英国和美国的战争状态都将结束。你们要放心地迎接这些军队的士兵。同盟国已保证我们国家的独立以及不干涉我国内政。他们也承认夺走了特兰西瓦尼亚的维也纳仲裁裁决是不公平的。

罗马尼亚人民，

我们的人民懂得掌握自己的命运。任何反对我们在不侵犯任何人权利的情况下自主采取决定的人都是我们民族的敌人。

我命令军队，并号召人民利用一切手段，不惜一切代价与敌人斗争。所有公民都要团结在国王和政府周围以拯救祖国。不服从政府且违背民意的人，就是卖国贼。

罗马尼亚人民，

独裁统治结束了，所有的压迫也随之结束。新政府标志着一个新时代的开始，所有公民的权利和自由都会得到保障和尊重。

通过动员全国所有力量，我们将与盟军一道，并在他们的帮助下越过维也纳不公正仲裁裁决所强加的边界，将我们的特兰西瓦尼亚从外国占领中解放出来。

罗马尼亚人民，

我们国家的未来取决于我们的勇气，也就是手持武器捍卫独立、捍卫我们命运自决权的勇气。

让我们对罗马尼亚民族的未来充满信心，坚定地走在通往未来罗马尼亚，通往一个自由、强大和幸福的罗马尼亚之路上。

（《自由的罗马尼亚》，第二年，1944年8月24日第11号。）

希特勒下令在罗马尼亚境内的德国军队（数十万士兵）实施反击，以回应罗马尼亚人的这种"背叛"。经过激烈的战斗，直到1944年8月28日，布加勒斯特才被罗马尼亚军队解放。1944年8月30日，第一批苏联军队在没有发生任何战斗的情况下进入罗马尼亚首都。9月，在当时的罗马尼亚全境内，德军的抵抗已被击败。1944年9—10月，罗马尼亚军队和苏联军队进行了解放处于匈牙利占领下的特兰西瓦尼亚北部的战争，损失非常惨重。随后，作为同盟国的盟友，罗马尼亚军队为解放匈牙利、捷克斯洛伐克和奥地利也做出了贡献，直到1945年5月9日战争结束。在这一巨大的努力中，罗马尼亚有37个师54万人参战，其中约15万人丧生；罗马尼亚军队解放了近4000个城镇，同时罗马尼亚还投入了按1938年汇率折合120万美元的经济财政支持。在国际上，罗马尼亚被认为是世界上击败德国的第四大贡献国。

遗憾的是，这些努力在很大程度上是徒劳的，因为从法西斯手中解放出来实际上意味着整个地区的苏维埃化。罗马尼亚的命运是在其不知情的情况下决定的，在1944—1945年间，丘吉尔建议斯大林将中欧和东南欧划分为势力范围；通过这种方式，苏联在罗马尼亚拥有90%

的影响力,在保加利亚拥有75%,在南斯拉夫拥有50%,在希腊拥有10%。人民是按照"大国"的意愿被分类和分配的,他们甚至毫不知情,也从未被问及。

第七章
走向极权制度
（1944—1947 年）

　　罗马尼亚平民甚至不怀疑这样的安排。他们真诚地相信西方伟大民主的力量、信念和荣耀，这无疑会拯救这些多次沦为受害者的人民。相反，不论是俄国还是苏联，在罗马尼亚都没有得到任何好感。这个东面的强大邻国在罗马尼亚人脑海中的印象就是：贪图新领土，威胁，不稳定，1812年侵占比萨拉比亚，1878年夺回卡胡尔、伊兹梅尔和博尔赫拉德，1917—1918年试图在比萨拉比亚推行共产主义，不承认1918年后德涅斯特河的边界，苏共拒不归还罗马尼亚国库财产，1940年夏天大肆掠夺罗马尼亚领土，最后就是1944年以来的"解放者"身份等等。苏联军队像推土机一样在罗马尼亚横行无忌，在形式上是罗马尼亚军队的盟友，有时对平民采取残酷甚至不人道的行为。在罗马尼亚还有很多关于斯大林政权"好处"的细节。由于所有这些原因，罗马尼亚人不能指望东面能有什么好事，而把希望寄托在西方大国身上。各处的口号都是："美国人来吧！"

　　战后的罗马尼亚希望并准备快速过渡到西式的民主。1923年宪法被恢复，政治犯被释放，有关极权、反犹太主义和种族主义的立法被废除。但"红军"丝毫没有撤离的迹象。罗马尼亚再次成为一个被占领的国家。苏联军队实施的掠夺、破坏、暴力和没收行为随处可见。苏联于1944年9月12日才在莫斯科接受了与罗马尼亚的停战协议，这被称为《罗马尼亚与同盟国停战协议》，但实际上，这是一份单方面的文件，只对一方有利，那就是苏联。在协议中，罗马尼亚被认为是一个战败国，而不是一个主动与盟国停战的国家；罗马尼亚境内必须驻扎一支苏联占领军，而仅在1944—1945年，其消耗就达20亿美元；为了对罗马尼亚军队在东部战线造成的损害、1941年夺回苏联在1940年占领的土地等进行补偿，罗马尼亚必须向苏联支付巨额战争赔款，期限长达20年；罗马尼亚和苏联之间的边界固定在普鲁特河，比萨拉比亚、赫尔察和北布科维纳再次被占领；作为交换，维也纳仲裁裁决被废除，1940年割让出去的特兰西瓦尼亚暂时由"红军"管理；罗马尼亚必须以12个师的兵力参加对德作战。罗马尼亚已经参战，且兵力达37个师。一切都是徒劳的：美国人离得太远了，而苏联人可以在东欧大展拳脚。

1944年8月23日之后，一个由军人和专家组成的政府组建起来，由康斯坦丁·瑟讷泰斯库将军和尼古拉·勒代斯库将军领导。在苏联的威胁下，共产主义分子或他们的手段逐渐被引入政府，如泰奥哈里·杰奥尔杰斯库、格奥尔基·乔治乌-德治、彼得鲁·格罗查等。在1944年8月，罗马尼亚共产党仅有几百名党员，而到了1947年，共产党员已经达到80万左右。与中欧和东南欧的所有国家相比，共产主义在罗马尼亚的基础最为薄弱，但是一些人的宣传、压力、野心和单纯以及对所承诺梦想生活的期望吸引了很多人。然而，他们也只是罗马尼亚民族中的少数人。其他人则因苏联军队而排斥共产主义。在此情况下，1945年3月6日，米哈伊国王不得不将彼得鲁·格罗查博士（农民群众组织的领导人，该组织创建于两次世界大战之间，被称为"农夫阵线"）推上政府首脑的位子，尽管他是两次世界大战期间的政治家，而不是罗马尼亚共产党党员，但他仍然采取了共产主义者的手段。这个由共产主义者掌控的政府中没有旧历史政党——国家自由党、国家农民党的任何代表。彼得鲁·格罗查政府的两项行动似乎至少部分赢得了公众舆论和穷苦民众的信任，一是罗马尼亚当局正式从苏联手中接管了特兰西瓦尼亚北部的统治权；二是完成了土地改革，从地主手中没收了单位规模超过50公顷的地产。超过100万公顷的土地被分给大约90万个农民家庭。

然而另一方面，政府限制了新闻自由，"清洗"了"资产阶级"分子的国家机器，组建了政治犯集中营，并创建了第一批"苏罗公司"，即苏联—罗马尼亚合资公司，作为苏联掠夺罗马尼亚和对罗马尼亚进行经济控制的工具。1945年8月以后，米哈伊国王与美国和英国政府合作，采取了抗议措施，甚至进行了"王室罢工"，拒绝签署法令和法律。1945年11月，大约有15万人应自由派青年的号召在布加勒斯特举行了反对共产主义的游行，当时正值圣米哈伊尔节，即国王的命名日。游行中有人遇难并有1000人被捕。清理旧势力、旧民主党派以及旧人物的行动已经开始。1946年，扬·安东内斯库元帅及其幕僚被定罪并处决，其罪行在宣传上被称为"对国家的大背叛"，与此同时，罗马尼亚参议院被解散。选举于1946年11月进行，在一场巨大的欺骗之后，共产主义者及其盟友取得了胜利，并采取措施向国家完全控制的集中经济过渡（例如，国家银行国有化）。这样一来，罗马尼亚就不可能在国际舞台上拥有正常的地位，也不可能继续其传统的对外政策。

1947年2月，与罗马尼亚的和平条约在巴黎签订，其中不承认罗马尼亚为联合作战国（与同盟国一起参加战争并取得胜利的国家），并视罗马尼亚为敌对国和战败国（与德国、意大利、匈牙利、芬兰等国相同）；比萨拉比亚、赫尔察和北布科维纳正式并入苏联；尽管匈牙利进行了大规模的反对行动，但维也纳仲裁裁决仍被废除。

《罗马尼亚与同盟国和平条约》节选（1947年2月10日）：

第一条

本条约所附地图（附件一）中标明的罗马尼亚边界为已于1941年1月1日生效的边界，本条约第二条所界定的罗马尼亚与匈牙利的边界除外。

罗马尼亚与苏联的边界根据1940年6月28日的《苏联—罗马尼亚协定》以及1945年6月29日的《苏联—捷克斯洛伐克协定》确定。

第二条

1940年8月30日的维也纳裁决宣布无效。

通过本条之规定，将罗马尼亚和匈牙利之间的边界恢复为1938年1月1日的状态……

第二十二条

1. 罗马尼亚将向苏联赔偿因军事行动和罗马尼亚占领苏联领土而遭受的损失，但考虑到罗马尼亚不仅退出了对同盟国的作战，而且还向德国宣战并派兵参加对德作战，因此双方同意罗马尼亚不会全额赔偿上述损失，而是进行部分赔偿，即从1944年9月12日起，在8年时间内偿付价值3亿美元的货物（石油产品、粮食、木材、海船和河船、各类设备和其他货物）。

2. 本条规定的计算基准为签署停战公约当日黄金与美元的比价，即每盎司黄金折合35美元。[1]

国王米哈伊一世现在是罗马尼亚完全苏维埃化的唯一障碍，他仍然是旧民主秩序的真正象征。作为欧洲所有显赫王室的宗亲，他可以在他周围凝聚起一定的反对力量，他可以唤起一些希望，还可以引发反

---

[1] 波格丹·穆尔杰斯库主编，《文本中的罗马尼亚史》，布加勒斯特，2001年，第365页。

抗。但遗憾的是，1947年12月30日，政府强迫米哈伊一世退位并离开罗马尼亚。罗马尼亚宣布成为"人民共和国"。此刻，所有的政治权力都掌握在共产主义者手中。1949年10月1日，中华人民共和国诞生，布加勒斯特立即承认该新政权。罗马尼亚是世界上第三个承认中华人民共和国的国家。两国于1949年10月5日建立大使级外交关系。

国王米哈伊一世关于被迫接受共和国的叙述：

（1947年12月30日）我到达了位于基谢列夫路的家里。我没等多久，格罗查就在乔治乌-德治的陪同下出现了……我们走进客厅，坐了下来。没过多久，格罗查嘴角带着愉悦的微笑说："我们是来谈和平分手的。"我们不明白他的意思。我就问他："分什么手？"然后格罗查就开始了一长串的解释，他说政治局势非常严峻，大国们都在等待，君主制已不再需要，君主制阻碍了国家的民主化和现代化等等……真是荒谬。如果君主制没有遵循民主的游戏规则，他们就不会这么轻易地见到我……在他停止混乱的解释后，他递给我一张纸。我接过来迅速读了一遍。当我明白这是怎么回事时，他们越要求我立即同意，我就越抗议……

我要求把这份文件给我，以便我可以安静地阅读，然后我回到了我的办公室……惊慌之中，他们告诉我电话线已经被切断了，宫廷卫兵已被逮捕并被其他军团的士兵所取代，而我们已成为随时准备开火的炮兵部队的靶子……

我试图以理性的方式与这二人商谈。但我们没有办法沟通。事实上，我们所援引的宪法早已管不了他们了。他们采取的是要挟的手段。

他们告诉我，如果拖延签署该文件，布加勒斯特人民将意识到这里正在发生一些特别的事情，而他们这些政府成员，也就是共产主义者，为了遏止任何形式的反对，将不得不处决去年被捕的1000多名学生……

　　我开始认识到，这个在人民面前代表着最民主观点的人是多么凶残……没有办法了。我甚至忘了我已经被包围这个事实。这是在午饭之前，早上10点到11点左右……①

---

① 米尔恰·乔巴努，《罗马尼亚米哈伊一世访谈录》，布加勒斯特，1997年，第59—62页。

第八章
"在社会主义建设的道路上……"
(1948—1989 年)

1989年以前，罗马尼亚人经常苦中作乐，当时流传着一个关于书的笑话，书的封面全是红色，里面有国家总统的讲话。这样的书出版了几十册，书名为"罗马尼亚在社会主义建设的道路上……"，或者后来的"罗马尼亚在建设全面发展的社会主义社会的道路上……"，然而几乎没有人阅读这些书。对于这套书的最后一册将被怎样命名的问题，答案是："罗马尼亚在很多路上"。这个笑话离现实并不遥远。这种制度最终使罗马尼亚走了各种弯路，换句话说，就是使罗马尼亚陷入了深刻的危机。

尽管如此，"共产主义者"以一系列理想为出发点，这些理想大多是高尚的，例如：平等、社会公正、国家繁荣以及文化、教育、医疗保健免费获取等。许多罗马尼亚人在从前生活贫困，因连年战争而破产，同时也失去了亲人等，他们心心念念生活能变好。现在看起来就要实现了。许多年轻人搬到了城市，获得了便利，也进入了学校。带有便利设施的整个住宅区已经建成。其他文化和经济大厦也已巍然矗立。确实有一些肉眼可见的具体成就，因为那时的人们在劳动和创造。然而，这些成就是人民的成就、罗马尼亚人的成就。尽管体制变得越来越压迫，但那时的他们仍在生活、在希望、在工作、在创造。

尽管如此，国家在这些年里仍然经历了几个阶段，直到最终崩溃：

（1）1948—1962年，即"困惑的十年"（文学中所称）。在这一时期，"无产阶级专政"发挥到极致，"斯大林主义"作为一种基于恐怖、告密和恐惧的外来意识形态被强加于人；

（2）1962—1975年，即"解冻"期，在这一时期，似乎产生了一种"更人性化的社会主义"，独立于莫斯科，并伴随着一些民族传统的回归，罗马尼亚重新融入国际关系的动态之中并接受"普世文化"的价值观；

（3）1975—1989年，即"民族'共产主义'"期，在这一时期，国家陷入深重危机，表现为民族性加剧、与世界隔绝以及各种各样的歧视。

在第一阶段，1948—1950年，实行了"国有化"，也就是将工业企业、矿业、银行、医院及药房、剧院、电影院、商店、住宅等全部充公。

理发师彼得·多加鲁回忆：

因为我在一块空地上打球打腻了，我父母就带我去了市中心尼策斯泰雷一个叫"阳光"的豪华理发店，里面有两个长凳和一个装满沙子的水泥四边形。理发店的老板是我的父亲，他和母亲将他们毕生的积蓄都投入其中。这些积蓄是通过辛劳攒下的，我父亲从12岁就开始学习理发，当时他得踩在小椅子上才能给顾客理发，而我母亲也是12岁的时候在胜利大道著名的特纳塞剧院学习制作假发。

我说的理发店很"上档次"，算得上一流理发店，配备有"美式"躺椅，类似于牙医用的椅子，这些躺椅在巨大厚重的水晶镜子前一字排开，每边四个。其中一张椅子是为有钱的老主顾服务的，偶尔也为没有预订的客户服务,也会为老板,也就是我的父亲服务。我的母亲在一间小客厅里提供美甲服务,上个楼梯就到了。小客厅也通向阳台,也作为工作人员用餐的房间。午休制度是由工会领袖汉斯引入的,他是萨斯人……父母大大减少了自己的收入。父亲虽然从不搞政治,在布加勒斯特市中心开了一家豪华理发店,但为了加入合作社,他承受着各种各样的压力……然而,我的父亲仍被归为资产阶级,在与其他市中心理发店的老板协商后,他于1953年左右带着所有的工具、器物、动产加入了"进步"合作社。

对员工和前老板来说,这是当时的一种时尚,他们成为纯粹的理发师,被那些一直只是理发师的人以各种方式嘲笑和羞辱。我父亲已经成为天王星街区的一名平凡的理发师,失去了市中心的优质主顾。我仍然记得,在新工作中,他没有了个性,穿着一件白大褂,按照苏联的风格将背上的纽扣系到了顶,白大褂的口袋上还写着标语——"我们不收小费",滑稽到了极点。

理发店的镜子上也用剃须皂写了同样的标语。[①]

私有财产基本上都被消灭了。被掠夺的财产实体包括基金会、协会、工会、政党,还包括罗马尼亚科学院,其资产很大程度上来源于资助者、王室、科学和文化爱好者的捐赠。1949年开始强制集体化,即变相没收个人土地,在多次威胁、虐待、逮捕和犯罪后,这项工作于1962年完成。农民们反对他们的土地被剥夺,几乎所有地方都进行了各种形式的抵抗。

因反对集体化而被判刑的农民——内务部关于加拉茨地区的名单

[①] 波格丹·穆尔杰斯库主编,《文本中的罗马尼亚史》,布加勒斯特,2001年,第379页。

(1958—1961年):

2. 巴尔坎·阿波斯托尔1911年6月8日出生于加拉茨的亨古莱什蒂镇,父亲扬·阿波斯托尔,母亲马里瓦拉·阿波斯托尔,铁卫队根据地的负责人,最后居住地在他出生的镇。1958年1月20日,他被拘留并被判处8年有期徒刑。1958年1月18日,在镇学校举行的宣传农业合作社重要性和优点的合作社社员集体大会上,他高喊反对集体化的口号:"打倒集体!""把土地还给我们!"随后他的要求被驳回。

……

54. 普洛佩亚·萨武1910年10月25日出生于图尔夸亚镇默钦区,父亲瓦西里·萨武,母亲多姆妮卡·萨武,集体农庄成员,前铁卫队队员,已婚,育有两子,最后居住地在他出生的镇。1959年8月14日被捕,并被判处4年有期徒刑。虽然他是集体农庄成员,但他多次对这种社会主义的组织形式表现出敌意,对许多人说:"我们努力种地一点儿用都没有,奶酪和羊毛不是我们的,国家会从我们这里全部拿走,我们什么都得不到,我们会饿死。"他鼓动很多公民退出集体农庄,然后去特兰西瓦尼亚,他说在那里他们可以挣到更多的钱。他对罗马尼亚人民共和国和苏联的人民民主制度、对党和国家领导人进行侮辱和诽谤。①

最终,96%的耕地都被纳入了"集体农庄"(后改称"农业生产合作社")。据说土地和工具不再属于农民个人,而是属于农民集体,实际上一切都被国家没收和控制。

罗马尼亚还转向了强制工业化,以发展重工业为基础。一切都在

---

① 波格丹·穆尔杰斯库主编,《文本中的罗马尼亚史》,布加勒斯特,2001年,第379页。

五年计划和十年计划之中,这只会导致"历史性的成功"和"划时代的成就"。罗马尼亚共产党(在1948—1965年间被称为罗马尼亚工人党)控制并指挥着一切。其他政党,包括结盟的政党,都逐步被解散。与其他社会主义国家不同,罗马尼亚只剩下了一个政党,被称为"政治领导力量"。1965年之前,党一直由格奥尔基·乔治乌-德治领导,在1965—1989年期间,党由尼古拉·齐奥塞斯库领导。自1967年起,齐奥塞斯库还担任了国家总统。领导模式以"无产阶级专政"为基础,这为任何不法行为和不公正提供了借口。以无产阶级的名义,所有"阶级敌人"和"叛徒"都必须受到惩罚、孤立甚至处死。经过一些正式审判,几千名两次世界大战之间的精英成员、杰出的知识分子、高级教士、国家官员、政治领袖被关押在锡盖特、阿尤德、盖尔拉、皮特什蒂等地,时间长达数年,其中有尤柳·马纽、扬·米哈拉凯、格奥尔基·布勒蒂亚努、康斯坦丁·久雷斯库、尤柳·霍苏、米哈伊尔·马诺伊列斯库、拉杜·罗塞蒂、伊万·卢帕什、西尔维乌·德拉戈米尔、扬·彼德罗维奇、迪米特里耶·古斯蒂、伊万·胡迪策等,还有许多其他人。成千上万的人死在了"运河"里,即在多布罗加的被称为"多瑙河—黑海运河"的强制劳动营。口号之一是"干部决定一切",还有一个是"没与我们站在一起的人,就是反对我们的"。

罗马尼亚是苏联阵营中唯一一个在山区(布切吉、弗格拉什、切尔纳山、特兰西瓦尼亚北部)长期存在武装抵抗的国家,这一直持续到了1962年。东正教会和其他教会也一起进行了抵抗。罗马尼亚与罗马联合教会(即希腊—天主教会)的命运最为艰难,该教会在莫斯科的压力下于1948年被禁止,所有的高级教士都被监禁(大部分死于监狱),其中就包括尤柳·霍苏(大统一的缔造者、未来的红衣主教)。1956年波兰、匈牙利事件(在莫斯科压迫下爆发了解放运动)之后,惩罚措施增加了。来自巴纳特所有村庄的成千上万人被迁到了伯勒甘（罗马尼亚平原）。大批知识分子和学生再次被捕，罗马尼亚科学院、罗马尼亚教育科研部进行了重组，许多优秀教师被开除，被视为是"资产阶级"且有害的所有学科都被禁止。大约有100名院士被开除出科学院，其中数十人还被监禁。狱中许多人在糟糕的精神和物质条件下结束了自己的生命。一切社会人文科学都服从于"斯大林主义"。甚至连算术这门课程也要求政治化，这导致一些教师时而玩笑、时而严肃地告诉学生："在我们国家和苏联，二加二都等于四。"

1958年之后，出现了一些变化的迹象：苏联军队从罗马尼亚撤出（仍留在其他"社会主义国家"，直到1989年）；与西方国家和其他国家（苏联与其中一些国家关系不佳）的经济和外交关系得到加强；苏联将罗马尼亚转变为经互会（"经济互助委员会"，一种"社会主义国家"的经济组织）农业附属国的计划被拒绝；2500多名政治犯被释放；提出了国家间关系的新原则，包括"社会主义国家"间的关系等。1964年，罗马尼亚领导人发表了一份响亮的声明，反对莫斯科对所有"社会主义国家"的霸权政策，这激怒了莫斯科。通过《1964年4月声明》，罗马尼亚共产党领导人要求苏共停止与中国的冲突，并同中国合作，同这个伟大国家的共产党合作，为全体社会主义国家造福。在这种"独立"和脱离莫斯科的政策中，罗马尼亚将中国当作一个坚定的盟友。1968年8月，中国是唯一一个愿意承诺与苏联开战的大国，以保卫罗马尼亚免受即将到来的华沙条约组织的进攻。此时，罗马尼亚在外国人眼中是一个勇敢的国家，愿意采取庄严的态度应对苏联阵营强加的从属关系。

格奥尔基·乔治乌–德治脱离莫斯科的政策反映在《1964年4月声明》中：

新社会的建设是我国人民的历史性工作,是他们创造性活动、努力和工作的成果。

罗马尼亚人民共和国以及其他社会主义国家取得的成功表明,经济发展任务的成功完成首先取决于每个国家对所有国内条件的利用,即通过广泛动员自身的力量并最大限度地开发国家的自然资源。社会主义工业化对于从资本主义手里承袭了落后经济状态的国家的发展具有决定性意义,在整个国民经济不断增长和快节奏的轨道上,确保协调、平衡增长的唯一途径,就是社会劳动生产率的不断提高、农业的集约化和多元化发展以及人民生活水平的系统性提高……

我们党明确表达了自己的观点,我们指出,因为所设想措施的本质在于将经济管理职能从国家一级转移给一些超国家机构,所以这些措施不符合社会主义国家间关系的基本原则。

为所有经济互助委员会成员国设立一个共同规划机构的设想具有极其严重的经济和政治影响。国民经济的计划管理是社会主义国家主权基本的、本质的和不可剥夺的属性之一,国家计划是实现政治和社会经济目标、确定国民经济发展的方向、速度以及基本比例、为提高人民物质文化生活水平进行积累和采取措施的主要工具。社会主义国家的主权取决于其有效且充分地拥有能切实完成这些使命的手段,掌握主导经济和社会生活的全部杠杆。将这些杠杆交给一些超国家机构或国家外机构将使主权变成一个空洞的概念。

所有这些也适用于国家间技术和生产部门的联盟……以及两个或多个国家的合资企业。国家计划是统一且不可分割的,不能从中剥离出一部分转移到国外。如果把一些部门或企业的管理问题移出党和国家政府的管辖范围,转移给一些国家外的机构,那就不可能对国民经济进行

全面管理……

社会主义建设的条件多种多样,不存在也不可能存在模板或者独特的方法,谁也不能决定什么对其他国家或政党是正确的,什么是不正确的。

制定、选择或改变社会主义建设的形式和方法,是每个马克思列宁主义政党的属性,是每个社会主义国家的绝对权利。[1]

所有这些态度和立场,被一些人理解为罗马尼亚独立自主的标志,也相当明显地激怒了莫斯科。1965年乔治乌–德治去世后,经过秘密安排,齐奥塞斯库"当选"为党的最高领导。从这一刻开始,有迹象表明其他领域的自由度有所增加,其效果是经济发展、贸易复苏、小私有制受到鼓励、许多人员跨国流动(学习和进修)、警察制度被削弱、允许西方文化元素(电影、译本、杂志、书籍等)进入、民族和传统价值观受到鼓励。1965年,随着新宪法的通过,国家的名称从罗马尼亚人民共和国变为罗马尼亚社会主义共和国,唯一的政党——罗马尼亚工人党改称罗马尼亚共产党。1968年,与其他华沙条约组织("社会主义国家"的军事组织)成员国不同,罗马尼亚拒绝参与入侵捷克斯洛伐克(那里爆发了自由运动)并谴责(起初非常强烈)了这场武装进攻。

尼古拉·齐奥塞斯库在布加勒斯特共和国宫广场集会上的讲话节选(1968年8月21日):

---

[1] 《1964年4月罗马尼亚工人党中央委员会全体扩大会议通过的罗马尼亚工人党关于国际共产主义运动和工人运动问题立场的声明》,布加勒斯特,1964年,第30—33页、40—41页。

亲爱的同志们，

罗马尼亚国家的公民们，

……五个社会主义国家的军队入侵捷克斯洛伐克是一个重大错误，是对欧洲和平、对世界社会主义命运的严重威胁。这在当今世界是不可想象的……一个社会主义国家、几个社会主义国家侵犯另一个国家的自由和独立。武装干涉一个社会主义兄弟国家事务的念头，是毫无道理的，是不能容许的，哪怕一瞬间也是不能接受的。

……我们决定，从今天起，着手建立由工人、农民和知识分子组成的武装爱国卫队，他们是我们社会主义祖国独立的捍卫者……据说，在捷克斯洛伐克有反革命的危险。也许明天就会有人说，在这里，在这次集会上，也表现出反革命倾向。我们给大家的回答是：全体罗马尼亚人民不会允许任何人侵犯我们祖国的领土。你们瞧，这里有我们整个中央委员会、有国务委员会，还有政府。我们大家都决心在社会主义建设中，在保卫革命成果、保卫人民独立的斗争中，全心全意为人民服务……同志们，请你们相信，罗马尼亚的公民们，请你们相信，我们永远不会背叛我们的祖国，永远不会背叛我们人民的利益。①

在国际主义的斯大林主义年代（当时许多人由于看重罗马尼亚的一些象征而被监禁）后，齐奥塞斯库允许一些民族价值观的回归，这看起来是一种纠正的行为，是人民需要的，也是人民所期待的。罗马尼亚其他独特的行为（只有罗马尼亚采取）赢得了西方的好感，例如：与联邦德国建立外交关系（1967年）；1967年战争后与以色列保持外交关系；加入众多国际经济组织；与"共同市场"（西方国家的经济组织）

---

① 波格丹·穆尔杰斯库主编，《文本中的罗马尼亚史》，布加勒斯特，2001年，第385—386页。

签署合作协议等。

遗憾的是，很快人们就看到这一切并没有脱离"社会主义价值观"，这些都只是表象，"共产主义理想"在国内没有受到影响，制度继续维持并对公民越发严厉。1971年（齐奥塞斯库将很快成为地球上的"政治游客"），这位罗马尼亚领导人重新转向严厉的独裁政策，他批判"世界主义"（即朝向西方）并要求珍视"我们的价值观"，即强调民族主义。个人崇拜（对领袖的过度赞扬）和家族执政（尤其是通过提拔妻子、儿子和其他亲属任职）搅乱了整个国家。权力集中、增速强行夸大、冶金石化工业比重过高、职工工作消极、国家外债负担过重等，导致了严重的经济危机。经济危机与粮食歉收和清偿全部外债（约110亿美元）的政策交织在一起，又导致粮食严重短缺。此外还修建了宏伟的建筑，大城市被"关闭"（不允许有意愿的人在大城市合法定居），禁止堕胎，并实行强制人口增长的政策，进行国土系统化（撤销了一些村庄），控制所有打字机，欺凌文化人等等。来自西方的现代技术已经过时，而新的其他技术却没有购买。要求罗马尼亚学者在一夜之间创造一切，以证明"罗马尼亚社会主义的优越性"。普通人无法一下子看穿这一切，但已经意识到自己一无所有，用钱也买不到什么东西，养不起孩子，没有药品，为了省钱冬天只能在屋里受冻，甚至不敢开灯，电影院里或电视上已看不到好电影。在此期间，党的宣传（支持和颂扬社会主义的思想）只讲"胜利""繁荣""生活水平提高""天才的领袖""黄金时代"以及充斥着罢工、毒品和失业的"腐朽的资本主义"等。所有这些未被认识到的弊端和空洞的理想在1980年之后愈演愈烈，食品和日用品开始从商店里消失，从面包、肉类、牛奶、糖、黄油、油、大米、巧克力和咖啡到衣服、肥皂、牙膏、洗发水、火柴和卫生纸！一些食物"定量供应"，通过"票证"进行分配，食物数量少，且按照公民的住所分配到特殊的地方。用豆油代替了葵花籽油，色拉米香肠也用豆油制作。人们开始喝一种谷物混合物来代替咖啡，也因此被戏称为"马氨基酚①"。甚至还制定了一项《人口科学饮食计划》，讽刺到了极点！

1984年6月19日大国民议会关于批准《人口科学饮食计划》的决定：

> 罗马尼亚社会主义共和国大国民议会，经审议在罗马尼亚共产党总书记、罗马尼亚社会主义共和国总统尼古拉·齐奥塞斯库同志的指示和直接指导下制定的《人口科学饮食计划》，认为：通过其中的规定，该计划与我们党和国家的总体政策是协调一致的，其最终目标是确保人民的物质和精神福祉，持续提高生活质量，并旨在促进全体社会成员的食品消费需求得到均衡满足。
>
> 在其规定的基础上，科学建议、习惯、传统和具体要求……合理饮食，同时该计划还确定了科学研究的方向，农业、食品工业、贸易、餐饮业必须采取行动以充分履行自身的义务。
>
> 从该计划对确定人口科学饮食的特殊意义出发，罗马尼亚社会主义共和国大国民议会决定：
>
> 1. 批准《人口科学饮食计划》。
>
> 2. 农业和食品工业部、其他在农业食品消费品生产和销售领域负有任务的部委和中央机构以及人民委员会，必须采取措施确保各下属单位扩大和丰富农业食品原料基地并使其得到优质利用；按照地理区域、

---

① 译者注：对这种咖啡替代品的讽刺性称呼，因其中只含有20%的咖啡，其余成分则主要是燕麦和鹰嘴豆，而燕麦是马的主要饲料。所以"马"暗指其中的燕麦成分，而"氨基酚"则是一个伪科学的后缀。

年龄段和职业，加强对人口饮食水平和结构的研究；创造新型食品；丰富半成品和成品的系列品种；增加膳食食品的生产；实现广泛的商品储备并发展食品销售网络；确保均衡满足人口消费需求。

3. 部长会议将采取措施落实该计划的规定，遵循该自营自供的计划，力求全面实现农业食品产品资源的利用，丰富产品类型，提高产品质量，合理分配商品储备。同时，部长会议将确保商业和餐饮业的良好组织，确保销售单位的性质和专门化相一致，确保产品定期供应和妥善管理，确保改善消费者服务。

4. 教育部、社会主义文化与教育委员会、社会主义民主团结阵线的构成组织、罗马尼亚总工会、共产主义青年团、全国妇女委员会、红十字会、新闻、广播、电视等，都有责任以其特有的形式和手段，开展持续的教育活动，阐释科学饮食的原则和规则，让各类人群了解和掌握该计划的规定，使每位公民形成科学饮食的习惯，这也是保障人民健康和身心协调发展的重要因素。（《第53号政府公报》，1984年7月2日）

学生们在学校的一些特殊科目中，只学到了"社会主义的光荣"和"天才的领袖"以及罗马尼亚取得的巨大成功，而事实上，一切都濒临崩溃。整个社会都受到特务机关（有名的"秘密警察"）的严密控制，一切批评或反抗的企图在酝酿时就被发现并受到惩罚。恐惧、不信任和绝望无处不在。在废除"无产阶级专政"，向"直接参与式民主"和"全面发展的社会主义社会"过渡的宣传过程中，唯一领导人、唯一政党的权力加强了，这些弊端越来越难以忍受，自由也受到越来越多的限制。

几乎所有罗马尼亚居民都感受到了压迫，尤其是民族、宗教和性别方面的少数群体。"创造唯一劳动人民"的设想对所有人，尤其是对拥有自己的语言、宗教和教派、传统以及象征的少数民族来说,都是严重的侵犯。以少数民族语言教学的学校仍然存在,但受到限制和严格控制,自1984年以来,匈牙利族高中和德意志族高中变得"混杂"(他们继续以匈牙利语和德语接受教育,但被编入这些高中的罗马尼亚班级中,其中有罗马尼亚族的学生和教师)。从那时起,在克卢日—纳波卡的"巴比什—波雅依"大学一些被视为"意识形态的"院系和专业中(历史、哲学),匈牙利语的学生班级已被取消,这些班级继续只在被认为对制度没有威胁的专业中开展学习(如数学、信息学、物理学、化学、生物学等)。少数民族也受到了"农村系统化"计划的伤害,该计划虽然更多的是在居民几乎都是罗马尼亚族的国家南部实施,但少数民族群体的历史遗产、纪念碑、教堂和墓地仍然有被破坏的威胁。因此,西欧开展了一场名为"罗马尼亚村庄"的村庄救援运动。

与此同时,部分罗马尼亚知识分子和民众移民到了西方(一般通过非法越境或未经许可停留),寻求政治庇护(即官方的庇护,因为罗马尼亚缺乏自由)。罗马尼亚文化的重要价值在西欧和美国表现出来,代表人物有乔治·埃内斯库、康斯坦丁·布伦库希、米尔恰·埃利亚德、埃米尔·乔兰、欧金·约内斯科、乔治·埃米尔·帕拉德等人。特别是罗马尼亚的犹太人和德意志人,在与以色列和联邦德国签署相关协议后,他们逐步离开了罗马尼亚,这种有控制的移民为体制带来了重要的资金。但正如自由欧洲电台所说,大多数罗马尼亚人不得不忍受苦难,因为"罗马尼亚人的地方就在罗马尼亚"。这家广播电台与其他电台(华盛顿特区的"美国之音"以及伦敦的BBC)唤起了许多罗马尼亚人的希望,并如实向他们(包括但不限于知识分子)告知了被布加勒斯特查禁的国内外事件以及罗马尼亚制度在国外越来越差劲的形象。通过这些无线电波还可以听到国内一些抗议活动的声音,例如多依娜·科尔内亚的抗议活动。

在罗马尼亚，对人权的粗暴践踏和数百万罗马尼亚人普遍绝望的状态导致了抵抗和异议（对抗官方制度的运动），其形式与邻国不同，因为罗马尼亚的国家制度比较特殊（尤其表现为其惩罚的力度）。此外也出现了集体性的反对行动：久谷矿工罢工（1977年）、成立由保罗·戈马领导的"罗马尼亚工人自由工会"（1979年）、雅西学生游行（1987年）、布拉索夫工人抗议游行（1987年）等。

许多知识分子是真正浪潮的创造者，尽管面临危险，但他们仍然保持了自己的尊严和正直，他们在大多数时候必须保持沉默或装作有党的思想，代表人物有尼基塔·斯特内斯库、马林·普雷达、马林·索雷斯库、安娜·布兰迪亚娜、米哈伊·博泰兹、达维德·普罗丹、奥古斯丁·布祖拉、尼古拉·布雷班、米尔恰·迪内斯库及其他人。合法或变相的审查使知识分子受到了压制，尤其是在文学创作中（散文、戏剧、诗歌）。所有这类的作品都很畅销，通常是在书店里"私下"售卖，这些书店受到了那些希望对体制进行明确批判的知识分子的攻击。而其他形式的批判也艰难渗透到了新闻和文学创作中，成功骗过了警惕的审查员。这类批判在口语中被称为"蜥蜴"，并在集会、社团聚会和家庭聚会中使秘密评论员喜悦不已。然而，大多数这种反对形式被秘密警察发现，其倡导者也受到了严厉的惩罚。

在马林·普雷达的小说《世上最可爱的人》出版之际，莫妮卡·洛维内斯库评论关于通过文学抵抗既有制度的恐怖：

> 本书是国内出版作者第一次在"革命"行为中描绘了邪恶的本质，并强调秘密警察的施刑者角色，通过《世上最可爱的人》，他是如何让不可能变为可能的，这仍然是一个悬而未决的问题。这个问题也留

给了那些从书店抢走这部小说的全体读者（本书在黑市上以高价售卖，当然也不会再版）。

让我们感到惊讶的是，小说的一些读者被书中对秘密警察的这种控诉震惊了，他们持续散布传闻，讨论作者的死是否与"那些机构"有关。即使没有根据，这种传闻也很有意义。

不管怎样，他的叙述不是靠爱情故事，也不仅仅靠他的审美品质，《世上最可爱的人》使国内公众的敏感性短路了。

在这部小说中，我们只能停留在那些他从被禁止的共同记忆中拯救出来的东西上，他不会怪罪我们，因为在没有任何档案、没有真实的当代历史教科书、没有真实文献的情况下，文学也能有历史纪事这个费力不讨好的任务。

这本书注定会在国内印刷，那时它就会带给我们一些回忆。在我们看来，马林·普雷达在这条路上走得最远，这本书真正配得上那个没有采用的标题：悲惨时代。①

在解体的最后几年，当局和特务机关艰难地控制着处于日益紧张状态的罗马尼亚社会。反对苏联和反对齐奥塞斯库家族的笑话层出不穷且四处传播，以至于讲这些笑话的人不再像以前那样全部都受到追捕和惩罚。1989年11月，也就是在最后一次党代会前后，克卢日-纳波卡一家位于大学旁的蔬果店橱窗里（这种店俗称"菜供店"，源自"供应""蔬菜"这两个单词），尽管货架上空空如也，但仍然在夜间挂着"有白菜出售"的牌子。夜里，一名学生在该告示旁又添了一句："对腐败资本主义的又一次打击！"没有人再查作者是谁了，因为整

---

① 波格丹·穆尔杰斯库主编，《文本中的罗马尼亚史》，布加勒斯特，2001年，第390页。

个罗马尼亚都在沸腾，就像其周边的世界一样。

这是一种隐蔽的、普通的抗议，在拘束、羞耻甚至绝望的状态中显露出来，这又是一种特殊的抗议，通过对"一杯咖啡"的批评和政治笑话表现出来，这也使一些人创造了一句谚语："罗马尼亚的典型食物玉米糊永远不会爆炸"。而且确实几十年没爆炸了！如果不创造某些条件，尤其是国际条件，如果不做某些秘密准备，恐怕在1989年也不会爆炸。而按尼古拉·伯尔切斯库所说，1989年中欧和东南欧的运动不是同年12月罗马尼亚暴动的诱因，而是契机。深层原因是野蛮干预、对人的尊严的蔑视、冷漠、空洞的口号、黑暗、个人崇拜、屈辱、孤立等等。无论是怎么准备的，由谁准备的，无论是何种内外力量促成了1989年罗马尼亚"革命"的爆发，有一个事实是可以肯定的，那就是当时街头的大多数参与者都真诚地相信他们自己在改变罗马尼亚人的世界、在摧毁旧体制、在从根源上铲除邪恶、在进行一场真正的革命。1989年12月16—22日，在蒂米什瓦拉、布加勒斯特、克卢日-纳波卡、布拉索夫以及随后在所有大城市爆发的有数百万人参加的大规模游行则证明了这一点。尽管流血以及付出生命的沉重代价在当时被夸大了，但这无疑是真实且痛苦的。街头的领袖和人民在混乱中横死，凶手与受害者通过临了的牺牲最终归于平等。当时有超过1000人死亡，也许更多。在罗马尼亚被杀害的数万人中，这些人也必须被算入其中。

罗马尼亚革命的直接目标之一是占领罗马尼亚广播电视台，以便所有罗马尼亚人和全世界都能在电视上看到新的领导人。在某种程度上，这是世界上第一场通过声音和图像进行现场直播的革命。在电视屏幕上出现的频率决定了许多即将领导新罗马尼亚的人的声望。此外还成立了一个临时领导机构，称为"救国阵线"（F.S.N.），并采取了首批民主化措施。

《救国阵线委员会十点公报》（1989年12月22日）：

各位公民，

我们经历了一个历史性的时刻。致使国家陷入灾难的齐奥塞斯库集团已被剥夺了权力。我们都知道，也都承认，整个国家取得的胜利是各族人民群众牺牲精神的成果，首先是我们可敬的青年人的牺牲精神，他们以鲜血的代价使我们再次感受到了民族尊严。那些多年来将生死置之度外、反抗暴君的人有突出的功劳。

罗马尼亚的政治和经济生活翻开了新的一页。

在这个关键时刻，我们决定组建救国阵线，以罗马尼亚军队为后盾，凝聚全国各民族的所有健康力量，凝聚所有在极权暴君年代挺身而出、捍卫自由与尊严的组织和团体。

救国阵线的目标是建立罗马尼亚人民的民主、自由和尊严。

从这一刻起，齐奥塞斯库集团的所有权力结构都瓦解了。政府解散，国务委员会及其机构停止活动。一切国家权力由救国阵线委员会接管。

救国阵线提出以下纲领：

1. 放弃单一政党的领导作用，建立多元民主的政体。
2. 在4月份组织自由选举。
3. 国家立法、行政和司法三权分立，所有政治领导人的选举任期不超过两届。任何人不得要求终生的权力。

救国阵线委员会提议国家在未来更名为罗马尼亚……

4. 以盈利和效率为标准对整个国民经济进行结构调整。

消除集中经济管理的官僚主义行政手段，在所有经济部门的管理中,促进自由创议、提高能力。

5. 调整农业结构,并扶持小农产业。停止破坏村庄。

6. 根据当代要求重组罗马尼亚教育。在民主和人文主义基础上重新确定教育结构。

消除对罗马尼亚人民造成重大伤害的意识形态教条,弘扬人类的真正价值观。消除谎言和欺骗,并在所有活动领域内确立能力和正义标准。

将民族文化发展置于新的基础之上。

将新闻、广播、电视从专制家族手中转移到人民手中。

7. 尊重少数民族的权利和自由,确保他们在权利上与罗马尼亚人完全平等。

8. 筹划国家的全盘贸易,以优先满足罗马尼亚人民所有日常需求为出发点……

9. 国家的一切对外政策应为促进睦邻友好与世界和平服务,融入统一欧洲的建立进程中,这是欧洲大陆全体人民的共同家园。我们将遵守罗马尼亚的各项国际义务,首先是关于《华沙条约》的义务。

10. 奉行符合人类发展需要和利益的内外政策,充分尊重人权和自由,包括自由移动的权利。

在这一阵线中,我们坚决尽一切努力重建罗马尼亚的公民社会,保证国家所有居民民主、自由和尊严的胜利。[①]

救国阵线关于政党运作的法令(1989年12月31日):

---

① 波格丹·穆尔杰斯库主编,《文本中的罗马尼亚史》,布加勒斯特,2001年,第397—398页。

为了在罗马尼亚建立真正的民主社会，保障和捍卫公民的基本权利，实现政治多元化的原则……救国阵线委员会宣布：

第一条　在罗马尼亚，可以自由建立政党，但法西斯政党以及宣扬与罗马尼亚国家和法律秩序相悖观念的政党除外。任何以种族、民族、宗教、文化程度、性别或政治信仰为借口的限制，都不能妨碍政党的建立和运作。政党的注册和运作是根据本法令的规定进行。

第二条　政党的组织和运作根据其章程，仅以地域为基础进行。一个人不能是同一类型的两个或多个政党的成员。[①]

尼古拉·齐奥塞斯库和他那"可怕的妻子"在1989年圣诞节被抓获、审判、定罪并处决。审判并未按正常程序进行，因为那个时代也不正常。有强烈的传言说，只要独裁者还活着，街头的屠杀就不会停止。另一方面，有人担心人群会袭击关押齐奥塞斯库夫妇的地方（位于特尔戈维什泰）。无论如何，假如这两名"刽子手"（当时罗马尼亚媒体对齐奥塞斯库夫妇的称呼）被带上街头，他们无疑会因对罗马尼亚人造成的所有伤害而被人们处以私刑、用石头砸死、羞辱。

[①] 波格丹·穆尔杰斯库主编，《文本中的罗马尼亚史》，布加勒斯特，2001年，第398页。

第九章
新的自由：希望、梦想、失望、确信……

没有希望的生活就像是一块没有收成的庄稼地。

罗马尼亚人把最大的希望，甚至是梦想寄托在了1989年，他们想象着一切都会很快变好，就像变魔术一样。许多人说美国人（西方人）肯定会来（自1945年后期盼已久），而罗马尼亚社会将骤然且惊人地繁荣起来。其他人则越发怀疑，但却更贴近现实，他们认为必须过渡一段时间，因为旧体制的影响难以消除。一些人想要原谅"共产主义"的老一代人，他们被认为是"有污点的"，没有能力建设新罗马尼亚。但这样的事情是不可能的。几乎不可能找到"白璧无瑕"的领导人，当时全国整个知识分子阶层，除了少数例外，都是罗马尼亚共产党近400万党员中的一分子。他们中的大多数人曾经和所有罗马尼亚人一起忍饥挨饿。优秀的管理者、具备牢固学说的优秀政治家、优秀的银行家以及优秀的资本主义专家同样无迹可寻。而那些旅居国外的人则没有充足的信心或者不敢接受一些挑战，他们被某种宣传诋毁（说他们没吃过掺了大豆的香肠！）[①]。在经过数十年的欺骗、贫困和源自上层的控制后，人们常常不知所措。用寓言故事来说：当"共产主义"在资本主义中建立起来的时候，其表现可以说就像大海变成了鱼缸，然后鱼缸又变成了一锅汤。1989年后，罗马尼亚人和其他"前社会主义者"不得不将汤锅里剩下的东西重新变回最初的大海。从这个可悲的例子中可以看出，在

---

① 译者注：齐奥塞斯库时代，因物质匮乏，香肠中添加进了大豆作为肉的替代物。

共产主义制度实行几十年后恢复资本主义是多么困难。

在"自由"的前几个月，受谣言、动荡的影响，再加上国家临时领导机构采取的某些相互矛盾的措施，使国家处于总体混乱的状态。几十年来被灌输某种意识形态的普通民众，期望左翼政治人物采取同方向的措施。"历史政党"重获新生并由籍籍无名的领导人领导。很多移居国外的人回国，这些没吃过"掺了大豆的香肠"的罗马尼亚人在民众中受到了冷遇。在这种情况下，一些原共产主义领导人也站了出来，1989年的事件使他们处于低微的社会和政治地位，而他们之前就被齐奥塞斯库移出了权力中心。一部分知识分子和青年立场明确，他们呼吁采取扎实措施，从政治舞台上彻底消除共产主义和共产主义者，并在布加勒斯特大学广场开展了独特的抵抗。面对这些潮流和运动，当局的一些人通过鼓励"矿工风潮"（久谷矿工对布加勒斯特的间歇性袭击）予以回应，"矿工风潮"是暴力活动，伴随着攻击和破坏，导致国内动荡以及国际社会的不信任。在外国人眼中，罗马尼亚是一个奇怪的国家，解决严重问题的是矿工，而不是民主制度。

1989年以后，罗马尼亚人先后拥有四位总统。第一位是扬·伊利埃斯库，信仰社会民主主义，前共产主义领导人；第二位是埃米尔·康斯坦丁内斯库，信仰基督教民主主义，前罗马尼亚共产党党员，但未曾担任要职；第三位是特拉扬·伯塞斯库，来自民主自由党，前罗马尼亚共产党党员，1989年前曾任罗马尼亚驻安特卫普贸易代表；第四位是克劳斯·约翰尼斯，来自国家自由党，是首位在1989年之前不是罗马尼亚共产党党员的总统。1991年后的总统选举以及所有国家机构的运作都是在新的民主宪法的基础上进行的。

各届政府的政治倾向也是相同的：1996年以前都是社会民主主义政府，被一些政治团体认为是"新共产主义"；在1996—2000年期间基本上是基督教民主主义政府和自由主义政府；在2000年之后，社会民主主义者再度掌权。2004年的选举由反对派赢得，新总理是自由党人，而总统仍来自社会民主主义集团，后更名为"民主自由党"（PDL）。事实证明，即使困难重重，民主也正常在罗马尼亚重新建立起来了，暂时也有一些力不从心，有很多不灵活的地方，有进步也有退步。汤、鱼缸和大海的故事也适用于从独裁到民主的转变。而在罗马尼亚，"汤"的质量很差，所以没有任何政党和政治联盟可以创造奇迹。

民主自由党和国家自由党之间的合作并不长久。也尝试过与社会民主党结盟的方案，同样十分短暂。在2009年的总统选举中，总统特拉扬·伯塞斯库赢得连任，他组建了一个政府团队，由其所属的民主自由党的代表、匈牙利少数民族政党代表以及一些已"独立"议员（靠所属政党进入议会，但之后退出了所属政党）的代表组成。反对派则主要由社会民主党和国家自由党组成，发挥着其批评政府的作用，并寻求在选民中树立威望的民主办法。2014年，前锡比乌市市长克劳斯·约翰尼斯当选为罗马尼亚总统，他得到了国内庞大选民的支持，选民中包括国内大多数对政党表现失望的罗马尼亚人以及海外的罗马尼亚人。这种失望甚至引发了激烈的抗议活动，随后在2015年组建了一个专家治国政府，由前欧盟农业专员罗马尼亚人达奇安·乔洛什领导。抗议活动在布加勒斯特和国内各大城市继续进行，在政府频繁更迭的背景下（索林·格林代亚努、米哈伊·图多塞先后担任总理），政府在选民，尤其是知识分子眼中越来越不可靠。自2018年1月29日起，维奥丽卡·登奇勒（社会民主党人）担任政府首脑，而该政府未能保障国内稳定，也没有树立起罗马尼亚在国际上的威望。

希望和梦想持续了一段时间，逐渐没有了起初的那种势头、清晰和能量，并以相当快的速度消失。失望也很快接踵而至。1989年之后，罗马尼亚人想迅速摆脱"东面的强大邻国"强加的"社会主义阵营"，即"共产主义联盟"，并加入北大西洋公约组织（北约）和欧洲联盟（欧盟）。民意调查显示，80%—90%的罗马尼亚人渴望他们的国家融入"欧洲—大西洋结构"，从这个角度来看，他们走在了前"共产主义国家"的前列。然而这并不像罗马尼亚人想象的那么简单。罗马尼亚面对着遗留下来的灾难性局面，后来又不断恶化，特别是集中经济，由庞大的工厂、联合企业组成，消耗大而产出少，已变得毫无用处。除此之外，还有重度贫困、被遗弃且患有艾滋病的孤儿、失业、通货膨胀、腐败、移民、侵犯人权等问题。因此，在受邀的"获奖者"中，罗马尼亚人从一开始就没有被选择加入北约，也就是加入由波兰人、捷克人、斯洛伐克人和匈牙利人组成的"领先群体"，这是有充分理由的。在1997年，尽管罗马尼亚人失望不已，但他们仍然以极大的热情在布加勒斯特迎接了美国和世界的领导人——比尔·克林顿总统。如果这些罗马尼亚人等了西方50年，他们认为他们可以再等一段时间，因为欧洲的理想值得任何牺牲。遗憾的是，罗马尼亚人的这些牺牲只有一部分人能完全理解，而另一部分人在等待真正的奇迹自己发生。在这种等待的背景下，人们的失望和不满与日俱增，特别是每当有不祥之兆再次威胁到罗马尼亚时，例如俄罗斯的压力、罗马尼亚的无力改变以及处在"灰色"地带，作为"文明"和"野蛮"之间缓冲的位置。尽管俄罗斯联邦在罗马尼亚和摩尔多瓦这两个国家东部边界附近的政策引起了足够的担忧，但北约在罗马尼亚、波兰以及波罗的海国家的活跃看起来缓和了动荡。

与此同时（在罗马尼亚东正教会多次推迟之后），作为西方信仰以及欧洲对罗马尼亚民族呼唤的新见证，教皇约翰·保罗二世于1999年访问罗马尼亚，罗马尼亚也成为世界上首个被教皇正式访问的东正教国家,数十万人以前所未有的热情欢迎教皇的到来。教皇向所有罗马尼亚人致以他的善意和祝福,这是国家好运的象征。当然,这并不意味着罗马尼亚已经克服了困难。然而,随着国内艰难发展以及国际形势的变化(2001年9月11日美国发生恐怖袭击事件后),罗马尼亚于2002年被邀请正式加入北约,并于2004年成为该组织的正式成员。一位新的美国总统——乔治·沃克·布什来到了布加勒斯特,他受到了民众极其热情的欢迎,刚刚放晴的天空中出现的希望彩虹也在欢迎他。人们松了口气,对头顶的"保护伞"有些满意,但在生活水平相当低的背景下,他们对这一点的理解并不清晰。

加入北约后,罗马尼亚这个多瑙河、喀尔巴阡山国家加入欧盟的谈判就越发紧密了。在这种情况下,考虑到国际关系的复杂性、恐怖主义的加剧、美国与其前欧洲盟友之间的一些紧张局势,罗马尼亚面临的条件要严峻得多,也就必须做出更大的努力。尽管如此,罗马尼亚还是在2007年及时结束了入盟谈判,并成为欧盟的正式成员。当然,这一切都以一个幸福的未来为前提,但同时也有牺牲和义务,人们已经逐渐开始理解这一点。在达到罗马尼亚期待的繁荣之前,许多罗马尼亚人(超过200万人)在过去几十年中选择在西方工作和生活,尤其是在某些发达的欧洲国家(意大利、西班牙、法国、德国、英国),产生了一代始终如一且积极的罗马尼亚移民,但也在国内和国际中造成了一些问题。在移民的罗马尼亚公民中有数以万计的罗姆人,其中的许多人不管是在罗马尼亚,还是在移居国都不适应社会,且遭到歧视。

然而,2009年起,一场人类在第二次世界大战后从未经历过的经济危机席卷了世界上大多数国家,在罗马尼亚尤为严重。这导致了一系列弊端和忧虑,更加促使了一些罗马尼亚人移民到更繁荣的国家,也加剧了民众对政治阶层的不信任。在日益不稳定的欧洲世界中,广泛的不信任导致了一系列社会和政治动荡，其后果难以预测。就像历史上发生过的那样，一些公民在类似的情况下，在数年后开始怀念过去。尽管如此，在我们日益全球化的社会中，罗马尼亚是北大西洋公约组织和欧洲联盟的一部分，并希望迎接上述挑战，首先是靠自己，然后是靠这些组织的所有成员的团结。遗憾的是，近年来面临的挑战愈加严峻，来自叙利亚、北非和其他东方国家的移民潮、伊斯兰国和其他势力奉行的恐怖主义以及俄罗斯联邦在乌克兰和黑海的政策等，都侵蚀了欧盟的力量和许多欧盟公民对该组织发挥积极作用的信心。在此背景下，在许多欧洲国家，包括在罗马尼亚的一些邻国中，一些民族主义团体和仇外团体在政治生活中的影响力和重要性大大增加，这威胁到了基于对话和友好协商的欧洲大陆的稳定、世界的和平与秩序。

苏联的罗马尼亚人也走上了民主的道路，甚至在苏联正式解体之前就开始了。经过苏联近50年的统治和民族同化，罗马尼亚民族精神脱颖而出，向所有人展示了德涅斯特河左岸数百万人真正且古老的身份并未丢失。特别是1989年以来，他们采取了一系列令人难以忘怀的措施，改变了该地区的命运，例如，恢复用拉丁字母书写，宣布罗马尼亚语为官方语言，采用红、黄、蓝三色旗作为国旗，宣告摩尔多瓦共和国的主权，废除《莫洛托夫—里宾特洛甫条约》（签订于1939年8月23日，承认比萨拉比亚为苏联势力范围），宣布国家为"主权、独立和民主国家"（1991年8月27日），采用《觉醒吧，罗马尼亚人！》作为国歌，采用列伊作为国家货币，摩尔多瓦共和国加入联合国等。这一切彻底改变了普鲁特河与德涅斯特河之间居民的处境，使他们准备回归被布尔什维克和苏联压制的历史、文化和传统价值观。从知识分子大力培育的跨越普鲁特河的"花桥"，到两国领导人之间的政治对话，摩尔多瓦开启了亲近罗马尼亚、亲近各地罗马尼亚人民普遍现实的复杂过程。向多党社会（或多党制）的过渡很快导致了两个对立方向的形成，一方面是民族和亲欧力量，而另一方面是共产主义和亲俄力量，各自具备不同的特点。共产主义的斯拉夫少数民族（俄罗斯—乌克兰族）宣布成立所谓的"德涅斯特河沿岸摩尔多瓦共和国"，定都蒂拉斯波尔，领土位于德涅斯特河两岸，由俄罗斯第14集团军控制，这是一支真正的占领军。其他少数群体，如格格乌兹人，也表现出了与国家剩余地区分离的分裂主义倾向。1991—1992年，德涅斯特河沿岸地区的分裂主义势力、共产主义势力和亲俄势力甚至在莫斯科的支持下发动战争，造成多人伤亡和重大物质损失。想要强加这样的想法：年轻的摩尔多瓦国家无法在俄罗斯范围之外单独运转。德涅斯特河沿岸地区实际上仍然是一块分裂主义的飞地（就像一座孤岛），被摩尔多瓦的中央领导层孤立，国际上也没有任何国家正式对其予以承认，但其得到了莫斯科公开和秘密的大力支持。同时，摩尔多瓦宪法也保障所有公民的民主权利和自由以及少数民族与多数民族在各方面的平等。

在米尔恰·斯涅古尔和彼得·鲁钦斯基先后担任总统后（他们有些犹豫地保护了国家利益和罗马尼亚特性），随后而来的是一个共产主义的政府和一位共产主义的总统（弗拉迪米尔·沃罗宁）。因此，摩尔多瓦共和国是1989年之后唯一一个由共产党领导8年的欧洲国家，该党利用十分有效的宣传手段驱逐罗马尼亚国家的居民，以培植分离主义的摩尔多瓦主义，诋毁两次世界大战之间的"罗马尼亚资产阶级"，诬蔑罗马尼亚人是"法西斯和民族主义分子"。2009年之后的近期事态发展才表明其逐渐恢复正常，并伴随着与罗马尼亚关系的改善以及欧洲一体化努力的恢复。无论罗马尼亚政府在1989年之后的政治倾向如何，罗马尼亚一直都以不同的力度和或多或少的适当手段支持摩尔多瓦共和国的独立主张，支持其朝向普遍民主价值观的欧洲—大西洋方向。在经过几任代理总统后，议会选举尼古拉·蒂莫夫蒂为总统，并在2012—2016年期间担任国家最高机构负责人。尼古拉·蒂莫夫蒂总统对罗马尼亚（布加勒斯特、苏恰瓦、雅西）进行了五次正式访问和工作访问，其间他与罗马尼亚总统讨论了摩尔多瓦共和国的未来。2016年2月16日，在对布加勒斯特进行正式访问期间，蒂莫夫蒂总统表示："我们因血缘、历史和精神而团结在一起。我们只需要以我们所有人的繁荣和安全之名义，利用这个共同的财富。"在他担任总统期间，摩尔多瓦共和国关于欧洲的议程处于优先地位。然而，在此期间也存在一些问题，对国家权力机构的声誉和公信力产生了影响。银行系统的危机使最高层的腐败现象暴露无遗。所有这一切都为伊戈尔·多东上台担任国家最高领导人做好了准备，他是社会主义者党领袖、摩尔多瓦主义和摩尔多瓦依附俄罗斯政策的倡导者。在俄罗斯的支持下，他领导的武装冲突导致了上述那个分裂主义伪共和国的成立，该共和国主要位于德涅斯特河以东的沿岸地区，那里的罗马尼亚人受到歧视，被停止接受罗马尼亚语的教育，并被强迫使用西里尔字母。

罗马尼亚各邻国中的罗马尼亚人以及摩尔多瓦的罗马尼亚人处境岌岌可危，他们的民族地位和母语教育受到威胁。乌克兰境内北布科维纳、赫尔察地区和蒂萨河右岸马拉穆列什的罗马尼亚人的处境最为艰难。位于塞尔维亚蒂莫克河谷的罗马尼亚人被宣布为瓦拉几亚人，并被剥夺在教堂和学校使用民族语言的权利。匈牙利的罗马尼亚人正在走向同化，保加利亚的罗马尼亚人作为少数民族没有得到任何承认，而巴尔干的大多数阿罗马尼亚人、梅格林罗马尼亚人以及伊斯特里亚罗马尼亚人也是如此。

因此，和世界上存在的其他情况一样，今天的罗马尼亚人是一个拥有两个国家的民族，两国拥有相同的官方语言（无论其名称是什么)、相同的国家象征、相同的文化价值、相同的民族诗人——米哈伊·爱明内斯库,还有对世界和人生的相同理解,从诞生到"爱恋期"再到"大转折",从民间舞蹈和三月节①到多依娜②曲子的悠扬流淌。

*

罗马尼亚人按照自己的理解创造了历史,既不比其他民族好,也不比其他民族差。罗马尼亚人的历史并非纯洁得完美无瑕,但也不可怕到充满灾难。它就像生活一样丰富多彩,因为历史就是生活。重要的是,我们要知道罗马尼亚人也存在于世界民族之林中,他们拥有一个甚至两个自己的国家,拥有丰富的过去,拥有多瑙河和喀尔巴阡山,拥有仿佛被时间遗忘的马拉穆列什农民,拥有摩尔多瓦的彩绘修道院,拥有多瑙河三角洲和黑海,拥有克里科瓦的葡萄园以及克普里亚纳修道院的钟声,拥有阿普塞尼山的黄金以及德涅斯特河上的城堡,拥有爱明内斯库、布拉加、埃内斯库、布伦库希,拥有仍在等待成名的人们。罗马尼亚人有一个信息要传达给国际社会,他们也非常在意他们的这个信息。

---

① 译者注:罗马尼亚传统节日。
② 译者注:罗马尼亚的民族音乐形式。

参考文献

1. Bârlea, Octavian, Romania and the Romanians, Los Angeles, 1977.
2. Brătianu, Gheorghe I, Origines et formation de l'unité roumaine, București, 1943.
3. Bulei, Ion, Scurtă istorie a românilor, București, 1996.
4. Cantellan, Georges, A History of the the Romanians, New York, 1989.
5. Cândea, Virgil, An Outline of Romanian History, Bucharest, 1977.
6. Constantinescu, Miron, Constantin Daicoviciu și Ștefan Pascu, Historie de la Roumanie des origines à nos jours, Roanne, 1970 ; Bucarest, 1971.
7. Constantiniu, Florin, O istorie sinceră a poporului român, București, 1997.
8. Deletant, Andrea și Dennis, Romania (World Bibliographical Series, Volume 59), Denver-OxfordSanta Barbara, 1985.
9. Durandin, Catherine, Histoire des Roumains, Paris, 1995.
10. Eliade, Mircea, The Romanians. A Concise History, Bucharest, 1992.
11. Georgescu, Vlad, The Romanians. A History, ediție de Matei Călinescu, Columbus(OH), 1991.
12. Giurescu, Constantin C., Istoria Românilor, 3 vol., București, 1935—1946.

13. Giurescu, Dinu C., Illustrated History of Romanian People, Bucharest, 1981.
14. Hitchins, Keith, Rumania (1866—1947), Oxford, 1994.
15. Hitchins, Keith, The Romanians (1774—1866), Oxford, 1996.
16. Iorga, Nicolae, Histoire des Romains et de la roma- nité orientale, 10 vol., Bucarest, 1937—1945.
17. Iorga, Nicolae, Histoire des Roumains de Transylavanie et Hongrie, 2 vol., Bucarest, 1940.
18. Istoria Românilor (tratat), Academia Română, 9 vol., București, 2001—2008.
19. Oțetea, Andrei (ed.), The History of the Romanian People, New York, 1974; London, 1985.
20. Pop, Ioan-Aurel, Ioan Bolovan (coord.), Istoria ilus- trată a României, București-Chișinău-Cluj, 2009.
21. Romania. Foreign Sources on the Romanians, Bucharest, 1992.
22. Scurtu Ion (coord.), Istoria Basarabiei de la începu- turi până la 1998, ediția a II-a, revăzută și adăugită, București, 1998.
23. Seton-Watson, R.W., A History of the Romanians from Roman Time to the Completion of Unity, Cambrige, 1934; Hamdon, 1963.
24. Treptow, Kurt W. (ed.), A History of Romania, 3rd ed., Iași, 1997.
25. Xenopol, A. D., Histoire des Roumains de la Dacie Trajane depuis les origines jusqu'à l'union des Principautés en 1859, 2 vol., Paris, 1896.
26. Xenopol, A. D., Istoria Românilor din Dacia Traiană, ediția a 3-a, 14 vol., București, 1925—1930.